Mappach
Beil. zu N. O. LIV u. LV. 23
N° XCIX. A
Hammersee
Hüttenwerk
Blechhammer
Kellerhaus
Bahnlinie
Sulzbach
Sandfal

Oskar Duschinger

Hüttenwerk und Hammersee

Oskar Duschinger

Hüttenwerk und Hammersee

Bodenwöhrer Erinnerungen
vom „Drehorgel-Schorsch“ Georg Ellert

Buch & Kunstverlag Oberpfalz

Bibliografische Information der Deutschen Bibliothek
Die Deutsche Bibliothek verzeichnet diese Publikation in der Deutschen Nationalbibliografie; detaillierte bibliografische Daten sind im Internet über http://dnb.ddb.de abrufbar.

Mit freundlicher Unterstützung
der Sparkassenstiftung des Landkreises Schwandorf

Mühlgasse 2, 92224 Amberg
Texte: Oskar Duschinger
Satz: BeSt-Systeme, 92237 Sulzbach-Rosenberg
Druck: Frischmann Druck und Medien, 92224 Amberg
Bindearbeiten: Kunst- und Verlagsbuchbinderei Leipzig

ISBN: 978-3-935719-70-4

Inhaltsverzeichnis

Das Hüttenwerk Bodenwöhr

Bodenwöhr und der Hammersee gehören ebenso untrennbar zusammen wie Bodenwöhr und die Hüttenwerksgeschichte. Über fünfhundert Jahre lang prägten Eisenbearbeitung und -schmelze den Ort. Es begann alles damit, dass 1464 der Hammersee für ein neues Eisenwerk zu seiner heutigen Größe aufgestaut wurde. Der Betrieb wurde nach verschiedenen Besitzerwechseln im 19. Jahrhundert bei der Gründung des Königsreichs Bayern zum königlich-bayerischen Hüttenwerk. Innovationen und Erfindungen eröffneten neue Möglichkeiten. Zeitweise zählte das Unternehmen zu den bedeutendsten Hüttenwerken Deutschlands.

Als im 20. Jahrhundert der König seine Eisenwerke neu strukturieren ließ, wurde die Gießerei Teil der Berg-, Hütten- und Salzwerke (BHS), die sich 1927 zur Aktiengesellschaft wandelten. Durch den Eisenbahnanschluss (1907) konnte der

Die Herren vom Aufsichtsrat und die Direktoren der Generaldirektion München stellten 1925 die Weichen für die weitere Zukunft des Bodenwöhrer Hüttenwerkes.

Betrieb auch weiter entfernte Absatzmärkte beliefern. Ein eigener Garantieschein bürgte für Qualität „Made in Bodenwöhr". Am Glaspalast des Botanischen Gartens in München sind ebenso Elemente aus dem Oberpfälzer Hüttenwerk verbaut wie an den Isarbrücken der Landeshauptstadt oder am Dom zu Eichstätt.

Nach dem Ersten Weltkrieg arbeiten in den 1920er Jahren zeitweise über neunhundert Beschäftigte in der Handelsgießerei, dem Emaillierwerk, der Inoxidationsanstalt und der Pumpenfabrik. Gerühmt wurden vor allem die hochwertigen Gussbadewannen, Pumpen und Öfen aus Bodenwöhr. In den 1930er Jahren sank aufgrund der Wirtschaftskrise die Zahl der Mitarbeiter auf etwa dreihundert Beschäftigte ab. Die guten Jahre waren erst einmal vorbei. Das Nazi-Regime brachte zwar wieder mehr Arbeit, doch dann kam der Krieg. Das Hüttenwerk wurde Teil der Rüstungsmaschinerie ...

Mitten hinein in diese Zeit wurde Georg Ellert geboren. Sein Vater verdiente seine Brötchen im Hüttenwerk, ebenso wie zuvor schon sein Großvater und sein Urgroßvater. Der kleine Schorsch wuchs mit seinen Geschwistern, der Babette, dem Franz, dem Marerl und dem Peperl, im alten Hammerhaus auf. Er spielte als Kind auf den Schlackenhaufen, trieb am Hammersee allerlei Unfug und begann schließlich im Hüttenwerk eine Lehre. Nach dem Krieg erlebte er als Schlosser zunächst die Erweiterung, dann als Lagerverwalter den Niedergang des Hüttenwerks mit. Die produzierten Gussbadewannen und Ölöfen waren aus der Mode geraten. Georg Ellert wurde zum Teil dieser Geschichte.

Der Verlag

In den sechzehn Wohnungen des Hammerhauses lebten Arbeiter des Hüttenwerkes mit ihren Familien. Zu jeder Wohnung gehörte ein eigener Gemüsegarten.

Das alte Hammerhaus

Das alte Hammerhaus mit Viehstallungen und Scheunen, 1758 erbaut und 1967 als Verkehrshindernis abgerissen, stand mitten in Bodenwöhr. Von den sechzehn Wohnungen befanden sich im Erdgeschoss und im ersten Stock zu beiden Seiten jeweils drei. In der Mitte war ein großer Hausgang. Die restlichen vier kleinen Wohnstuben waren im Dachgeschoss untergebracht.

Ich bewohnte mit meinen Eltern und Geschwistern eine Parterre-Wohnung. Auf der Vorderseite des Hammerhauses führte eine Treppe zum ersten Stock, auf der hinteren Seite des Hauses eine Stiege hinauf zum Dachgeschoss. Die Fenster im Hammerhaus waren klein und hatten Fensterläden, die zur kalten Jahreszeit abends geschlossen wurden, um die Kälte abzuhalten. Gekocht und geheizt wurde mit dem Küchenherd, in dem sich stets ein Grandel, ein Wasserschiff, mit warmem Wasser befand. Gebrauchte Öfen stellte das

Hüttenwerk den Bewohnern zur Verfügung. Mit ihnen kamen auch Kakerlaken und „Russen", wie man die Schaben nannte, ins Haus. Die Ekel erregenden Tiere fanden entweder in den Spalten und Ritzen des Herdes oder in den Holzkisten unterm Ofen Unterschlupf.

Jedes Jahr brüteten Rauchschwalben im Hammerhaus. Die Schwalben wurden von den Mietern nicht nur geduldet, sondern gerne gesehen, da sie als Glücksbringer galten. Wenn die Schwalben aus ihrem Winterquartier in südlichen Gefilden zurückkehrten, fanden sie stets eine offene Haustür vor. Flink besserten die Vögel ihre alten Brutstätten aus oder bauten sich flugs neue, um dort ihre Jungen großzuziehen. Bisweilen fiel ein Schwalbennest von der Mauer. Dann holte Vater einen leeren Blumentopf, polsterte ihn aus, setzte die Jungtiere hinein und stellte den Topf auf einen Schrank im Hausgang. Schon bald wurden die Schwalbenkinder wieder von ihren Eltern versorgt.

In kinderreichen Familien schliefen die Kleinen oft zu zweit im Bett. Ein Strohsack diente als Matratze. Strom und fließendes Wasser gab es nicht. Rund vierzig Meter vom Ham-

Ganze Generationen von Bodenwöhrern wurden im Hammerhaus geboren und blieben dort bis an ihr Lebensende.

merhaus entfernt, wo heute die Bodenwöhrer Kirche ist, stand neben dem Misthaufen ein sperriges Holzhäuschen, das alle nur „s' Scheißhaisl" nannten. Innen hingen an einem langen Nagel als Klopapierersatz Fetzen des „Naabtalboten". Mit einem verrosteten Riegel ließ sich das Häuschen verschließen. Auf dem Dach thronte eine alte Heringsbüchse, aus der eine Hauswurz wucherte.

Älteren Bewohnern war der Weg zum „Scheißhaisl" abends und vor allem nachts zu beschwerlich. Darum hatten sie einen Nachttopf unter ihrem Bett stehen. Den Inhalt des „Potschamperls" entsorgten sie morgens im Kaltenbach. Der „Schiener" Sebastian Haindl beurteilte diese Angelegenheit so: „Dou wachsn d'Fisch im Hammaweiha!" Erst später wurde im alten Hammerhaus ein Plumpsklo eingerichtet. Hinter dem Gebäude befand sich die Odelgrube, die im Herbst regelmäßig mit einem Schöpfer geleert wurde. Die Fäkalien dienten als Dünger für die Gemüsegärten der Hammerhaus-Bewohner.

Um die Bewohner der Hüttenwerk-Häuser mit Trinkwasser zu versorgen, beförderten Pumpen aus der Produktion des Hüttenwerkes das Grundwasser aus den Bodenwöhrer Quellen hoch. Eine dieser Handpumpen, die mit einem Wassergrand (Becken) verbunden waren, stand hinter dem Wohnhaus Gschlößl an der Schwandorfer Straße. Die nächste große Pumpe befand sich zwischen den Kaltenbach-Häusern beim Kellerhaus. Dort holten auch die Bewohner des Kutscherberg-„Haisls" ihr Trinkwasser.

Hinter dem Hammerhaus und dem Wohnhaus „Alter Neubau Nr. 18" standen je ein kleinerer Hof- und Pumpbrunnen. Diese Plätze waren beliebte Tummelplätze für uns Kinder und Jugendliche. Dort spielten, lachten, stritten und rauften wir. Da wurden Glasmurmeln stibitzt, Mädchen an ihren langen Zöpfen gezogen oder tropfnass gespritzt. Trieben wir es zu bunt, rief das Lohr-Lieserl seine Mutter, die dann mit einem Stecken dazwischenging. Fiel unser Ball beim Fußballspielen wieder einmal in den Gemüsegarten der „Gustichen", mussten wir blitzschnell die Flucht ergreifen, während uns schlimme Sprüche hinterherschallten.

Wenn der Frost ins Land zog, packten der Hautmann-Hans, der Ellert-Jos und mein Vater die Hammerhauspumpe in ein Winterkleid aus Stroh. Mein Kamerad Wilfried lockte an einem eiskalten Wintertag den kleinen Vielberth-Wastl: „Wennst dei Zunga an d'Pumpn oine haltst, gröigst vo mia a schöins Salem-Büldl." Der Wastl sah das Bild mit der attraktiven Schauspielerin und leckte mit der Zunge an der gusseisernen Pumpe, worauf sie sofort festklebte. Ein klägliches Wimmern war die Folge. Der Hautmann-Hans, der gerade den Schnee vor der Haustür beiseiteschob, hörte das Jammern des Buben. Er holte warmes Wasser und löste so dessen Zunge vom Metall. Wastls Mutter bezeichnete uns Lausbuben daraufhin als „Dorfdeppen" und verbot dem Wastl den Umgang mit uns „elendigen Sauboum". Als eines Tages Hüttenwerkarbeiter kamen, die Wasserpumpen abmontierten und die Brunnen zufüllten, sahen wir Kinder darin keinen Fortschritt. Im Gegenteil: Wehmütig fühlten wir uns um unsere Spiel- und Tummelplätze betrogen.

Dreiquartelhosen vom Schneider

Zwei Wochen vor meiner Einschulung forderte mich Mutter auf: „Äitz gemma zum Lehna-Schneida, dou kröigst a neis G'wand. Dann göiht's glei weida zum Rötzer-Schousta in d'Gortnstrass. Dou kröigst a Poar Schnürschou, dass d' saaba ausschaust an deim eastn Schultoch." Einen Ranzen hatte ich schon. Auf dessen Klappdeckel prangte das Bild eines langmähnigen Pferdes. Auch eine bunt bemalte Griffelschachtel mit dem Rotkäppchen drauf hatte mir Mutter gekauft, dazu Griffel und eine schwarze Schiefertafel mit Schwamm und Lappen dran.

Lehrer Schatz unterrichtete mich (zweite Reihe, Zweiter von links) im Schuljahr 1919/20. Familien mit zehn Kindern waren keine Seltenheit, die Klassen entsprechend groß.

Als ich in der Schneiderei Lehner bei der Klause einige Tage später meine neue Schulkleidung anprobierte, stand mir das Entsetzen ins Gesicht geschrieben: „Dös is ja a Dreiquartlhosn!“ Doch der Lehner-Hans lächelte nur und meinte, das sei jetzt modern. Mutter kam mit dem Schneidermeister überein, den Betrag in monatlichen Raten abzuzahlen. Daraufhin packte der Lehner das Gewand in eine Trageschachtel und legte einen Kleiderbügel dazu. Als gute Kundschaft erhielt Mutter ein paar Taschentücher obendrauf. Zum Schluss kam sogar die Frau Lehner mit dem Rehpinscher „Putzi“ noch dazu. Sie strich mir liebevoll über das Haar und meinte großzügig: „Dou host a Tofl Schokalad und a Händ voll Guadln!“ Plötzlich hörte ich ein schrilles Jaulen. Mutter war dem „Putzi“ versehentlich auf die Pfoten getreten.

Zu Hause warteten alle gespannt auf unsere Rückkehr. Die Geschwister interessierten sich indes weniger für meine Hose, für sie waren die Süßigkeiten wichtiger. Erwartungsvoll fragten sie mich, ob wir denn etwas dreinbekommen hätten vom Schneider. Jedes Geschwisterchen erhielt ein Ripperl Schokolade und einige „Guadln“. Vater, der unterm Herrgottswinkel saß, forderte mich aber dann doch auf:

„Mach doch d'Schachtel aaf, dass ma dei neis Gwand aschaua kinna!" Ich probierte die neuen Sachen gleich an, und alle waren der Ansicht, dass mir Hose und Jacke gut passen würden. Nur Papa schränkte augenzwinkernd ein: „Bloß a bissl brava moußt no wean, Bou!"

Endlich war mein erster Schultag gekommen. Bis dahin hatte ich den Kindergarten besucht. Mit Ordensschwester Sixta hatten wir viel gebastelt, vor allem mit Papier. Ich war wie viele andere Kinder auch ganztägig bei der Schwester gewesen und wurde von Mutter meist um 4 Uhr nachmittags abgeholt. Pünktlich um 12 Uhr hatte es Mittagstisch gegeben im Kindergarten, worauf so manches Kind schläfrig wurde und am Tisch einschlief. Doch nun war ich ein Schulkind!

Mutter öffnete schon in aller Herrgottsfrühe die Kammertür: „Aafstöih, Zeit is für d'Schul!" Ich wälzte mich noch ein paar Mal auf dem Strohsack, dann marschierte ich in die Kuchl, wo Mutter bereits eingeheizt hatte und im Grandel warmes Wasser für die Morgenwäsche bereitstand. „Heit is dei groußa Toch", erklärte sie verheißungsvoll. Auf dem Küchentisch thronte ein duftender, mit viel Puderzucker bestreuter Gugelhupf. „Den howe aloa für di bacha!", meinte Mutter strahlend. Auch eine Schale Kaffee, mit viel Ziegenmilch aufgehellt, stand bereits auf dem Tisch. Ich machte mich sorgfältig zurecht und schaute nochmals prüfend in den Spiegel. Dann schulterte ich meinen Schulranzen.

Die vorderen Kirchenbänke waren bereits besetzt, als Mutter und ich das Gotteshaus betraten. Gebannt blickten wir Buben und Mädchen vor zum golden glänzenden Tabernakel, der von unzähligen Kerzen hell erleuchtet war. Weihrauch zog durchs Kirchenrund, während sich eine himmlische Ruhe ausbreitete, die vom mächtigen Klang der Orgel jäh durchbrochen wurde. Der Pfarrer trat im festlichen Messgewand aus der Sakristei. Wir Erstklässler rutschten schon bald ungeduldig auf den Kirchenbänken hin und her. Je länger der Gottesdienst dauerte, desto mehr rutschten wir. Endlich folgte der Segen, und wir strömten dem Ausgang zu. An Mutters Hand marschierte ich zum Schulhaus. Als wir das frisch getünchte Klassenzimmer betraten, staunte ich: Der riesige Katheder, die schwarze Tafel mit der Deutschen Schrift, die Zählmaschine, die mit Tintenklecksen übersäten Schulbänke – wirre Gedanken jagten durch meinen Kopf.

Jeder Erstklässler bekam vom Lehrer seinen Platz zugewiesen. Mutter drückte mich fest an sich und versuchte, mir Mut zu machen. Eine Bodenwöhrer Klasse bestand damals in der Regel aus zwanzig bis fünfundzwanzig Kindern, wobei zwei Klassen zusammen in einem Raum unterrichtet wurden. Wir hatten Bänke, in die Tintengläser eingelassen waren, eine Rille diente als Ablage für die Stifte. Ich besaß zwei Bleistifte, einen Federhalter sowie verschieden dicke Federn. In den unteren Klassen schrieb ich zunächst mit Griffeln auf eine Schiefertafel, an der ein Lappen und ein kleiner Schwamm befestigt waren.

Die Mädchen trugen am ersten Tag festliche Kleider und Schürzen. Einige hatten ihre Haare zu Zöpfen geflochten, andere ihre Haarpracht zu Schnecken gedreht oder zu Schwalbennestern gebunden. Wir Buben trugen fast alle Drei-Quartel-Hosen, nur der Ellert-Robert und der Fensterl-Bepp ragten mit ihren Matrosen-Anzügerln hervor. Zum Glück ging meine Schwester Babette schon in die zweite Klasse. Mit ihrer Hilfe gewöhnte ich mich schnell in der Schule ein. Ein Jahr später wurde auch mein jüngerer Bruder Franz eingeschult. Von da an marschierten wir jeden Morgen zu dritt zur Schule. Da meine Eltern auf eine gute Bildung viel Wert legten, mussten wir gleich nach der Schule unsere Hausaufgaben erledigen, und zwar ordentlich. Wenn ich etwas falsch geschrieben hatte, riss Mutter das Blatt kurzerhand aus dem Heft. Meine ältere Schwester Babette unterstützte mich jedoch, wann immer nötig, mit Engelsgeduld. Erst danach durften wir Versteckalas, Wappeln, Stelzengehen, Reifentreiben, Schussern und Fußball spielen oder Bogenschießen üben.

Die Schusser holten wir uns vom Lehner-Schneider, der zehn Stück für zwei Pfennig verkaufte. Wir machten dann eine kleine Grube im Boden, in die wir die Schusser mit abgewinkeltem Finger hineinzustoßen versuchten. Noch lieber als das Schussern war uns Buben jedoch das Fußballspielen, damals noch mit einem ausgepolsterten Stoffball, der nicht allzu lange seine Form behielt. Auch Räuber und Gendarm gehörte zu unseren Lieblingsspielen. Zum Glück gab es damals genügend Scheunen, in denen wir uns verstecken konnten. Im Herbst, wenn es stürmte, ließen wir selbst gebastelte Drachen steigen. Dann war auch die Zeit gekommen, um aus dem Pfarrgarten Äpfel, Birnen und Zwetschgen zu stehlen, wie richtige Lausbuben es eben tun.

Da wir zu Hause eine strenge Erziehung genossen, hatten die Lehrer kaum Probleme mit uns. „Tatzen" gab es trotzdem hin und wieder, und das nicht nur von den Lehrern. Auch die Lehrerin, die uns in der ersten Klasse unterrichtete, griff zum Stock. Bis zu fünf Mal schlug das gestrenge Fräulein Lotter mit dem Rohrstock auf die offene Hand. Wer zurückzog, musste das Ganze noch einmal erleiden. Nach dem Fräulein wurden wir von Oberlehrer Max Hör-

mann unterrichtet, dessen liebste Disziplinierungsmethode das Ziehen an unseren „Schmalzfedern" war. Wenn wir schrieben oder rechneten, lehnte der Oberlehrer oft am Kachelofen und schnupfte. Es entging uns nicht, dass dabei auch Schnupftabak zu Boden fiel. Zu Beginn der Pause sammelten wir flugs diese Reste vom Boden auf und machten es unserem Lehrer nach.

Frau Schulte, die Frau des Hüttenwerk-Direktors Ernst Schulte, organisierte eine Schulspeisung. Jeder Schüler bekam in der Pause ein Haferl warme Milch. Kinder aus wohlhabenderen Familien hatten zudem Buttersemmeln dabei, die dick mit Wurst belegt waren, während wir ärmeren Kinder uns mit einer oder zwei Brotscheiben begnügten, die dünn mit Resi-Schmelz oder Kunsthonig bestrichen waren. Bisweilen ergänzte ein Apfel unsere dürftige Brotzeit. Selbst im Winter gingen wir in Holzschuhen zur Schule. Vor unseren Klassenzimmern befanden sich hölzerne Ablagen, auf denen unsere Pantoffeln standen, in die wir vor dem Betreten des Klassenzimmers schlüpften.

Auch Nachsitzen war damals an der Tagesordnung. Doch nicht alle Schüler fanden sich damit ab. Bevor der Lehrer eintraf, hatten einige schon die Flucht ergriffen. Sie kletterten aus dem Fenster im ersten Stock, hangelten sich die Dachrinne hinab auf den Pausenhof und gaben Fersengeld. Im Sommer zierte wilder Wein die Mauer unseres Schulhauses. Zwischen den Blättern hing ein Thermometer, an dessen Glas wir so lange hauchten, bis das Quecksilber sich der 30-Grad-Marke annäherte und damit auf Hitzefrei-Temperatur stieg. Da freute sich auch so mancher Lehrer darüber.

Das Schnupfen gehörte zu den Leidenschaften von Oberlehrer Hörmann. Dabei fielen auch für uns Schüler einige Krümel Schnupftabak ab.

In der Bodenwöhrer Volksschule wurde auch Theater gespielt. Viele Schulkinder waren ansonsten ärmlich gekleidet und mächtig stolz, wenn sie ein Kostüm tragen durften. Auch ich liebte das Theaterspiel, bei dem ich einmal sogar die Rolle des Räuberhauptmanns bekam. Ob die Lehrer dabei Hintergedanken hatten, blieb mir allerdings verborgen.

Natürlich mussten wir in der Schule auch Aufsätze schreiben. Ein gefundenes Fressen für unseren Lehrer war da im Jahre 1933 die Notlandung eines Privatflugzeugs auf einer Wiese beim Gorebauern, einem Brucker Einödbauernhof in der Nähe des Birkhofs. Aufgrund eines Motorschadens kam der Flieger dort herunter. Den Lärm der abschmierenden Maschine hörten wir im Klassenzimmer. Bald darauf war die Kunde von der Notlandung auch schon in aller Schüler Munde. Wir Kinder rannten nach Schulschluss gleich los, um die Sensation vor Ort zu begutachten. Ich kann mich noch genau erinnern, wie der Pilot breitbeinig, die Hände in die Hüften gestemmt, mit Fliegerhaube, Fliegerbrille und Lederjacke vor seiner ramponierten Flugmaschine stand, während wir Kinder neugierig um das Flugzeug herumliefen und es von allen Seiten bestaunten. Einige Tage später hatte ein Techniker das Gerät wieder flugtauglich gemacht.

Unser Lehrer rief uns oft an die Tafel. Schrieben wir einen Buchstaben oder eine Zahl falsch, stand gleich eine schlechte Note im Zensurenbuch. Trotzdem schimpfte niemand über den Schulmeister, schon gar nicht unsere Eltern. In der Feiertagsschule unterrichtete uns der Herr Pfarrer. Auch der Geistliche griff oft zum Stock, obwohl wir fast jeden Morgen vor Schulbeginn artig die Frühmesse besuchten: im Monat Mai die Maiandachten, im Oktober täglich den Rosenkranz.

Wir gingen auch noch regelmäßig zur Beichte, wofür wir jedes Mal einen Beichtzettel bekamen. Um unseren Beichtfleiß zu kontrollieren, machte der Pfarrer jedes Jahr Hausbe-

Dreiquartelhosen waren damals sehr modern. Auch zur Erstkommunion trug ich eine dieser Hosen.

suche und sammelte die Beichtzettel wieder ein. Meine Eltern steckten auch noch Geld in die Tüte, obwohl sie selbst nicht viel hatten. Der Verdienst im Hüttenwerk war klein und die Kinderzahl in vielen Familien groß.

Morgens sah ich mit bangem Blick auf den Stundenplan, denn vor dem Rechnen graute mir. Wenn unser gestrenger Herr Oberlehrer über seinen goldenen Zwicker in die Runde spähte, zogen wir unsere Köpfe ein. Wir fürchteten die Schläge mit dem Tatzenstock auf unseren Hintern oder, noch schlimmer, auf unsere Fingerkuppen, was immer besonders schmerzhaft war.

Einmal erwischte der Oberlehrer den Fritz und den Wilfried während des Unterrichts beim Tauschen von Zigarettenbildchen. Er schnappte sich die beiden Übeltäter und führte sie an den Ohrwascheln nach vorne. Sie mussten sich über eine Schulbank legen und bekamen mit der Haselnussrute je sechs Schläge auf den Allerwertesten. „Diese Strafe habt ihr verdient!", meinte der Oberlehrer empört. Der Wilfried dachte noch lange daran, so sehr schmerzte sein Hintern auf der harten Schulbank. Den Fritz beeindruckten die schlagfertigen Argumente weniger. Auf seiner Hose waren dicke Stofffetzen aufgeflickt, welche die Schläge etwas abmilderten, was der Fritz vor dem Herrn Lehrer freilich geschickt zu verheimlichen wusste.

Der Erdäpfl-Knecht-Ruprecht

Sobald der Winter ins Land zog und der Schnee sanft vom Himmel rieselte, kehrte auch an den Futterhäuschen Leben ein. Am hungrigsten kamen mir die Dompfaffen vor, aber auch die zierlichen Meisen und frechen Spatzen kämpften um die besten Futterplätze. Unter die Vogelhäuschen legte Vater Äpfel für die Amseln. Manchmal holte er auch Rinderfett von der Metzgerei Dannböck und hängte es an die Lindenbäume, worüber sich die Spechte freuten. Als Naturfreund und Kenner der heimischen Flora und Fauna kannte mein Vater genau die Vorlieben der gefiederten Freunde.

Wenn die Ketten rasselten, waren der Nikolaus und sein Begleiter im Anmarsch. An einen Besuch am 6. Dezember erinnere ich mich noch ganz genau. Kaum hatte Mutter die Tür geöffnet, trampelte auch schon der Knecht Ruprecht herein. Mit seinem uralten Mantel, der nur von einer „Klufer", einer Sicherheitsnadel, zusammengehalten wurde, den ausgetretenen Stiefeln und seinem wallenden Bart aus Flachs sah er zum Fürchten aus. Das Peperl und das Marerl rannten bei seinem Anblick schreiend ins Schlafzimmer, um sich unter der Bettstatt zu verkriechen, während wir älteren Geschwister auf Geschenke hofften.

Der Knecht Ruprecht band den schmutzigen Sack vor unseren erwartungsvoll dreinblickenden Kinderaugen auf und schüttete ihn aus, worauf ein Haufen alter Kartoffeln auf den Stubenboden rollte. Als wir Kinder sie aufheben wollten, schlug uns der finster dreinschauende Mann mit der Rute aus Reisigholz derart fest auf die Finger, dass wir vor Schmerzen aufschrien. Trotzdem mussten wir uns bei ihm bedanken und ein Nikolaus-Gedicht aufsagen. Daraufhin schwang der Ruprecht den nun leeren Kartoffelsack über die Schulter und verschwand polternden Schrittes, genauso schnell, wie er gekommen war. Das Peperl und das Marerl lugten noch lange bangen Blickes hinter der Bettstatt hervor. Es bedurfte viel guten Zuredens seitens der Mutter, bis sie zitternd hervorkrochen.

Es war kaum eine Stunde vergangen, da rasselten abermals Ketten vor unserer Wohnungstür. Dieses Mal öffnete Vater die Tür, und herein trat der heilige Nikolaus. Er hatte einen roten, samtartigen Mantel an und bat mich, seinen Bischofsstab zu halten. Der Knecht Ruprecht, der ihn begleitete, holte glänzende Päckchen aus dem Sack und reichte sie dem Himmelsboten. Strahlend nahmen wir die Äpfel, Nüsse, Plätzchen und „Guadln" aus den Händen des heiligen Nikolaus entgegen. Dankbar trugen wir ein frommes Sprüchlein vor und gelobten, stets brav und folgsam zu sein. Trotz all der Aufregung entging uns Kindern nicht, dass unsere Eltern diesen Augenblick sichtlich genossen. Was wir nicht ahnten, war, dass auch die Sache mit dem „Erdäpfl-Knecht-Ruprecht" von unseren Eltern veranlasst worden war, um uns ein bisschen einzuschüchtern. Wer weiß, was wir dem Nikolaus erzählt hätten, wenn wir dies geahnt hätten.

Christbaum aus der Beiloh

Es war ein bitterkalter Sonntag mitten im Dezember, als wir Kinder mit unseren Eltern in der warmen Stube saßen und unsere Schulsachen erledigten. Vater saß auf der Ofenbank und sog genüsslich an seiner „Pipp". Mutter hatte ihre Brille auf den Nasenrücken geschoben und strickte für uns Kinder lange Wollstrümpfe. Immer wieder schauten wir durch die mit Eisblumen übersäten Fenster. Dicke Schneeflocken taumelten vom wolkenverhangenen Himmel. Am Futterhäuschen stritten sich Meisen und Spatzen um den besten Futterplatz. Draußen war es so kalt, dass sogar der Kaltenbach zugefroren war. Mutter erinnerte uns an diesem Sonntag nochmals eindringlich daran, endlich unsere Wunschzettel zu schreiben. Und Vater meinte, für ihn würde es nun höchste Zeit, einen Christbaum zu besorgen. Schon im Sommer, beim „Schwammerlsoucha“ in der Beiloh, hatte er im Feldmeier-Holz ein schönes Fichtenbäumchen mit einem farbigen Bändchen gekennzeichnet, um es auch unter einer dicken Schneehaube wiederzufinden.

Eine Woche später machte sich Vater mit uns Buben auf den Weg zum Christbaumholen. Mutter hatte uns mittags noch mit einer feinen Nudelsuppe und deftigen „Epflmaaltaschn“ verwöhnt. In knielangen Dreiquartelhosen, dicken Winterjacken, langen Strümpfen, Schals, gestrickten Fäustlingen sowie bunten Zipfelmützen mit „Drolln“ zogen wir los. Vater zog seine Schnürschuhe mit den Ledergamaschen an, schwang sich in einen abgewetzten Lodenmantel und setzte einen breitkrempigen Hut mit „Hachtnfeder“ auf. Wir marschierten die Dorfstraße Richtung Kaltenbrunn entlang, überquerten nach einer Weile die Schwandorfer Straße und bogen dann in einen alten Fuhrweg ein, der hinauf nach Schöngras und Kölbdorf zur Beiloh führte. Vor uns lag eine tief verschneite Landschaft. Auch die schwarzen Verfärbungen im Erdreich, die nach alten Erzählungen von Köhlereien, also Stellen, an denen Holz verkohlt wurde, stammten, waren dick mit Schnee bedeckt. Weiße Wiesen und Felder, soweit das Auge reichte: ein richtiges Wintermärchen. Auf einem Grenzstein lauerte ein hungriger Bussard auf unvorsichtige Feldmäuse, die sich auf der Suche nach Futter aus ihrem Winterversteck wagten. Am Waldrand stieg Dampf auf. Ein Bauer aus Schöngras hatte wohl erst vor kurzem eine Fuhre mit frischem Mist entladen. Auf dem Haufen saßen Krähen, die sich lebhaft um die fettesten Würmer stritten.

Kaum hatten wir die Beiloh erreicht, deutete Vater auf einen Federnhaufen. „Dou hod a Hacht an Nussgackl g'rupft und g'fressn“, erklärte er und ermunterte uns, nach blau schimmernden Federn des Eichelhähers zu suchen. Plötzlich tauchte aus dem Dickicht Jagdpächter Peter Dirmaier, der Gastwirt von Neuenschwand, auf. Das Gewehr auf dem Rücken, den Feldstecher vor der Brust und einen braunen Jagdhund an seiner Seite, so kam er uns entgegen. Der Dirmaier und mein Vater begrüßten sich wie alte Freunde. Vater erklärte dem Waidmann, dass er vom Feldmeier Johann persönlich die Erlaubnis bekommen habe, sich einen schönen Christbaum aus seinem Waldstück auszusuchen. Der Jagdpächter führte uns daraufhin zu einer überdachten Wildfutterkrippe, in der Hafer und Heu sowie Stücke von Runkelrüben hungrige Rehe und Hasen anlockten. Die „Druschabfälle", die beim Dreschen des Getreides anfielen, waren Leckerbissen für Fasane und Rebhühner. Unzählige Tierspuren im tiefen Schneeboden rund um die Futterkrippe zeugten von vielen Besuchern an der Krippe. Schließlich verabschiedete sich mein Vater vom Dirmaier mit einem „Waidmannsheil"; der leidenschaftliche Jäger erwiderte „Waidmannsdank".

Von nun an führte unser Weg durchs tief verschneite Dickicht des Feldmeier-Holzes. Immer wenn wir die Äste eines Baumes streiften, überschütteten sie uns mit ihrer weißen Pracht. Bald sahen wir aus wie Schneemänner. Zum Glück brauchten wir nicht lange zu suchen. Vater hatte die Fichte mit dem Band bald gefunden. Er holte die Säge aus dem Rucksack und schnitt das Bäumchen ab. „Is dös niad a schöins Baaml?", fragte uns Vater stolz. Wir stimmten ihm zu. Vater klemmte das Stämmchen unter den Arm, und so machten wir uns auf den Heimweg.

Als wir aus dem dichten Waldstück herauskamen, blies uns eisiger Ostwind ins Gesicht. Die Sonne war hinter dunklen Wolken verschwunden. Hohe Schneewehen machten das Gehen auf dem Fuhrweg nun zu einer regelrechten Qual. Wir atmeten alle auf, als wir endlich die Schwandorfer Straße erreicht hatten. Von hier aus war es nicht mehr weit nach Hause.

Daheim stellte Vater den Christbaum zunächst in den Hausgang, damit ihn auch die Mutter und meine Schwestern bewundern konnten. Dann befahl mir Vater, das Bäumchen in den Schuppen zu bringen. Ich solle aber ja aufpassen, dass ich keinen Ast beschädige, mahnte er mich. Mutter hatte im Grandel des Küchenherdes bereits Wasser warm gemacht, das sie nun in eine Schüssel schüttete. Darin durften der Franz und ich unsere eiskalten Füße baden. Dazu bekamen wir heißen „Hoarwutzltee" und dick mit Kunsthonig bestrichene Brotscheiben. Unsere Schwester Babette schickte Mutter zum Dannböck-Metzger, um eine dicke Scheibe Presssack und drei Pfiff Bier zu holen. Die Brotzeit hatte sich unser Vater redlich verdient, denn unser Christbaum aus dem Feldmeier-Holz war wirklich ein wahres Prachtstück.

Engelshaar und Wunderkerzen

Über Nacht hatten sich vor unserem Haus Berge von Schnee angehäuft, was uns Kindern beim ersten Blick aus dem Fenster regelrechte Freudenschreie entlockte. Schon lange hatten wir unsere Schlitten hergerichtet und diesen Tag herbeigesehnt. Während wir freudestrahlend aus dem Fenster blickten, schüttelte Mutter unsere Strohsäcke auf und entleerte anschließend unsere Nachthaferln im Kaltenbach. Vater marschierte zum Schuppen, holte einen ausladenden Reisigbesen heraus und kehrte den Weg zum Haus und zum „Scheißhaisl" frei. Dann schüttete er aus einem Getreidesack Körner ins Futterhäuschen. Mit einem Stoß voller Holzscheite unter dem Arm kam er zurück ins Haus. Im Gang klopfte Vater den Schnee von den Schuhen und schob die Holzscheite in den Ofen. Es knisterte und knackte, und schon bald breitete sich eine behagliche Wärme aus. Nun setzte sich Vater auf die Ofenbank und hielt seine klammen Finger über die wärmende Ofenplatte, während Mutter unser Leibgericht, „Schwammerlbröih mit Sterz", zubereitete.

Am Nachmittag tagte in der wacherlwarmen Stube der Familienrat. Wir saßen alle beisammen und sprachen über das bevorstehende Weihnachtsfest. Aus uns Kindern sprudelten die Wünsche nur so hervor. Meine Schwester, das Marerl, betonte immer wieder, dass sie sich eine Puppe wünsche, die Mama sagen könne. Mutter machte sie darauf aufmerksam, dass diesen Wunsch nur das Christkind erfüllen könne und es dazu erst einmal den Wunschzettel lesen müsse. Vater legte im Ofen noch Holzscheite nach und fütterte den Küchenherd zusätzlich mit Kohlebriketts der Marke „Sonne", die wir günstig vom Hüttenwerk bezogen. Es gehörte mit zu den Aufgaben von uns Kindern, sie auf dem „Handwagl" nach Hause zu transportieren. Kaum glühte die Herdplatte, kamen auch schon unsere Mitbewohner aus ihren Löchern und Ritzen gekrochen: Kakerlaken. Die Viecher, die alle nur Russen nannten, waren fast in jedem Haushalt anzutreffen. Wir Kinder hatten es uns auf dem Fußboden bequem gemacht und spielten Mensch-ärgere-dich-nicht oder Mühle, schauten Bilderbücher an und kritzelten in Malbüchern herum. Auf den Tisch hatte Mutter Rabattmarken geschüttet, die sie sortierte und in Markenhefte klebte. Als Gegenwert erhielt sie im GEG-Konsum Zutaten fürs Plätzchen- und Stollenbacken. Wir Kinder durften bei dieser Arbeit stets mithelfen. Aus dem Teig stachen wir mit Blechmodeln Figuren aus: Herzen, Engel, Bäume und Pferdchen. Dabei schoben wir heimlich immer wieder Teigstücke in den Mund, was unseren Vater, der schmauchend auf der Ofenbank saß, köstlich amüsierte.

Plötzlich klopfte es an der Haustür. Draußen stand die „Bruckener-Berm" Barbara Vielberth. Kaum war sie in unserer Stube, sprudelte es nur so aus ihr heraus. Sie habe gehört, dass wir so einen schönen Christbaum hätten. Sie dagegen habe beim Forstamt für 1,20 Reichsmark „an richte hoarlousn Baam krejgt", worüber sie sich offensichtlich maßlos ärgerte. Jedes Jahr vor Weihnachten bot das Forstamt Bodenwöhr im Garten des Verwaltungsgebäudes

Christbäume in allen Größen und Preislagen an. Doch viele Bodenwöhrer besorgten sich in der schlechten Zeit ihren Baum weiterhin im Wald, was zwar durchaus der Tradition entsprach, trotzdem streng verboten war und mit empfindlichen Strafen geahndet wurde.

Der Heilige Abend näherte sich mit Riesenschritten. Vater holte an diesem Tag schon frühmorgens den Baum und einen Ständer aus dem Schuppen. Trotz unserer fürsorglichen Behandlung war ein Ast abgebrochen. Vater bohrte ein kleines Loch in den Stamm und befestigte einen neuen Ast an unserem lädierten Christbaum. Von nun an glich unser Haus einem Wespennest. Wir Kinder waren derart aufgeregt, dass wir den ganzen Nachmittag über keine Ruhe mehr fanden. Um uns zu beruhigen, machte Mutter zwischendurch eine Kanne Tee und legte Plätzchen und Lebkuchen dazu. Dann verschwand sie wieder im Wohnzimmer. Wir Kinder spitzten nun unsere Ohren und versuchten mit Blicken durchs Schlüsselloch, unsere kindliche Neugier zu befriedigen. Wahrscheinlich, so unsere Vermutung, halfen Mutter und Vater gerade dem Christkind beim Anhängen des Baums und beim Herrichten der Geschenke.

Da ertönte der helle Klang einer Glocke. Die Tür zum Wohnzimmer öffnete sich, und auf einem Tischchen, das von einer prächtigen Seidendecke bedeckt war, stand der im Lichterglanz erstrahlende Christbaum, geschmückt mit glänzenden roten Kugeln, Engelshaar, Lametta und Wunderkerzen. Auch Äpfel, Nüsse und Plätzchen hingen am Baum. Dazwischen flackerten Wachskerzen. Unsere Eltern waren den Tränen nahe, als sie unsere leuchtenden Augen und kindliche Freude sahen.

Wir stellten uns alle um den Weihnachtsbaum. Direkt daneben hatte Vater vorsichtshalber einen Eimer Wasser platziert, um im Brandfall schnell löschen zu können. Zusammen schmetterten wir altbekannte Weihnachtslieder wie „Stille Nacht, heilige Nacht“ und „O du fröhliche, o du selige“, wobei uns Vater auf seiner Mundharmonika begleitete. Während wir Kinder sangen, wanderten unsere neugierigen Blicke immer wieder zum Gabentisch, wo all die liebevoll verpackten und mit Namen versehenen Geschenke lagen. Für das Marerl hatte das Christkind tatsächlich eine Puppe, die „Mama“ sagen und die Augen öffnen und schließen konnte, gebracht. Meine ältere Schwester Babette bekam eine neue Puppenküche sowie den mit neuer Farbe aufgefrischten Kaufladen vom vorigen Weihnachtsfest. Mein Bruder Franz strahlte beim Anblick eines Eisstocks, und ich bekam die Schlittschuhe, die ich mir schon so lange gewünscht hatte. Dass sie gebraucht waren, tat meiner Freude keinen Abbruch. Außerdem hatte Mutter für jedes Kind einen Pullover gestrickt, und von Vater bekamen wir gemeinsam einen neuen Schlitten. Unter dem Christbaum stand zudem für jeden ein Pappteller mit Plätzchen, Äpfeln, Nüssen, Lebkuchen sowie einer kleinen Schokoladentafel.

Puppenwagen brachten an Weihnachten Kinderaugen zum Leuchten. Von solch einem Geschenk träumte damals einfach jede Puppenmutter.

Auch wir Kinder überraschten unsere Eltern! Mutter bekam von uns modische Taschentücher aus dem Schneiderladen Lehner. Vater überreichten wir ein Packerl Krüllschnitt für seine Pfeife. Die Eltern freuten sich wie Schneekönige über unsere kleinen Geschenke.

Aus der Küche duftete es nach Sauerkraut. Mutter machte dazu in einem großen Topf Mettwürste warm. Hungrig nahmen wir um den Esstisch Platz. Meine Eltern gönnten sich zudem ein Glas Punsch. Das Marerl und der Franz hatten ihren ärgsten Hunger kaum gestillt, da fielen ihnen auch schon die Augen zu. Meine Eltern brachten sie zu Bett, freilich nicht, ohne ihnen vorher einige Spritzer Weihwasser auf die Stirn geträufelt zu haben.

Meine ältere Schwester Babette und ich durften die Eltern noch zur mitternächtlichen Christmette in die Pfarrkirche begleiten. Eine Wolke aus Weihrauch, dem süßen Duft aus Gottes Hand, strömte uns entgegen, als wir das Gotteshaus betraten. Der festlich geschmückte Altar, eingerahmt zwischen zwei hell erleuchteten Christbäumen, strahlte uns entgegen, während die mächtigen Kirchenglocken der Bodenwöhrer Pfarrkirche die letzten Gläubigen noch zur feierlichen Mette riefen. Das weite Kirchenrund war gefüllt bis auf den letzten Platz, sogar an den Seiten und vor den Eingängen drängten sich die Gottesdienstbesucher. Am Schluss des festlichen Gottesdienstes wurden die Kerzen an den Seitengängen entzündet, und sämtliche Kirchenbesucher stimmten in das ehrwürdige Weihnachtslied „Stille Nacht, heilige Nacht“ ein.

Als ich nach dem Zweiten Weltkrieg fern meiner Heimat Bodenwöhr in russischer Gefangenschaft in elender Kälte und bitterster Not das Weihnachtsfest verbringen musste, klammerte ich mich an jene kindlichen Erinnerungen. So gelang es mir, auch hinter den dunkelsten Wolken noch die Sonne zu sehen.

Der „Neijoahrskini"

Wir konnten es kaum erwarten, bis wieder ein neues Jahr anbrach. Dann winkte uns ein ordentliches Taschengeld beim Neujahransagen. Am ersten Tag des neuen Jahres gingen alle Kinder in Gruppen von Haus zu Haus, um auswendig gelernte Sprüche aufzusagen. Dort kam jeweils die ganze Familie zusammen, um uns zuzuhören. Wer gut auswendig lernen konnte, sagte einen langen und schwierig zu merkenden Wunsch auf. Andere machten es kurz und bündig. Der Älteste fing an. Wenn einer im Text hängen blieb, war dies auch kein Problem. Dann machte ein anderer weiter, denn die Gedichte waren jedem von uns bekannt. Waren alle Wünsche vorgetragen, wurden wir meistens gelobt. Wichtiger waren uns allerdings die Münzen, die wir bekamen. Zu unserer Clique gehörten der Wiendl-Hans, der Bauer-Toni, der Weinfurtner-Schorsch und mein Bruder. Wir lieferten uns mit den anderen Buben des Dorfes ein regelrechtes Wettrennen. Denn wer als Erster seine Neujahrswünsche aufsagten konnte, durfte mit freigebigeren Gastgebern rechnen als die Nachzügler.

In den Gasthäusern Schießl und Dannböck sagten wir unser Neujahrsprüchlein besonders gern auf: „Gsundheit und a langs Leben, moch da löibe Gott eich gebn!"

Zuerst besuchten wir die bessergestellten Bürger Bodenwöhrs, danach die Krämer und sonstige Geschäftsleute, schließlich gingen wir zu Nachbarn, Verwandten und Bekannten, um unsere Wünsche herunterzuleiern: „I wünsch eich a glickles neis Joahr. Gsundheit und a langs Leben, moch da löibe Gott eich gebn!“ Wir wussten, dass die Bodenwöhrer sehr großen Wert legten auf ein freundliches Dankeschön, und so wiederholten wir unser „Vergelt's Gott!“ am Schluss gleich drei Mal.

Im ersten Haus, das wir besuchten, saßen die Kinder auf dem Boden und spielten. Wir bekamen dort ein Fuchzgerl, eine „Rogl“ voller Weihnachtsplätzchen, Äpfel und Nüsse und sogar ein kleines Spielzeugmotorrad aus Blech zum Aufziehen. In anderen Familien fiel die Ausbeute nicht so üppig aus. Dort hatten schon vier oder fünf Gruppen vor uns ihre Neujahrswünsche vorgebracht, trotzdem erhielten auch wir noch eine Kleinigkeit. Am großzügigsten waren stets Frau Lehner – die Gattin des Schneiders – und die Blaukopf-Resi, die beide keine eigenen Kinder hatten.

Das Geld verstaute ich in einem Schusser-Sackl, das mir Mutter mit ihrer Pfaff-Nähmaschine genäht hatte. Weil der Ehmann-Wilfried, ein recht schüchterner Bub, nicht viel zusammengebracht hatte und deshalb traurig dreinblickte, schenkten wir ihm einen Teil unserer Nüsse, Äpfel und Plätzchen, die er sogleich an Ort und Stelle verputzte. Wenn wir glaubten, genug verdient zu haben, marschierten wir nach Hause. Ich leerte mein Schusser-Sackl auf dem Küchentisch aus, worauf einige Zwoaring, Fünferler, Zehnerler, Fuchzgerler und sogar zwei Markstücke herausrollten. Wer am meisten Geld eingeheimst hatte, war der „Neijoahrskini“. Oft gab es unter uns Kindern heftige Streitigkeiten, wer diesen Titel tragen durfte, schließlich gab es damals noch kein Internet, mit dem man leicht den Wert eines Spielmotorrads aus Blech hätte ermitteln können.

Meine Eltern waren im Gegensatz zu meinen jüngeren Geschwistern wenig erfreut von dieser Bettelei. Heute bin ich ein alter Mann, und am Neujahrstag steht kein Kind mehr vor meiner Wohnungstür und wünscht mir „A gouds und gsunds neis Joahr“. Trotzdem halte ich seit Jahrzehnten ein Taschengeld bereit für den Fall, dass trotzdem einmal ein Kind an meiner Wohnungstür klingelt und einen Spruch zu Neujahr aufsagt.

Vogelfang am Hammersee

Um es zur kalten Jahreszeit im Bett warm zu haben, wurde ein Dachziegel in die Herdröhre geschoben, aufgeheizt, in Tücher gewickelt und so ans Fußende des Bettes gelegt. Im Winter war das eine Wohltat. Wenn der Strohsack, auf dem wir schliefen, platt war, wurde das Stroh, in dem sich immer wieder Flöhe einnisteten, auf den Mist geworfen. Mit dem „Holzwagl“ holten wir dann beim „Stoiner“, dem Kraus-Bauern aus Randsberg, neues Schüttstroh, meist vier oder fünf große, ausgedroschene Bündel.

Die Gartensäulen rund ums Hammerhaus waren im Winter oft über und über mit Schnee bedeckt. Auch das Vogelhäuschen zierte dann eine dicke Schneehaube. Ich wollte an solch einem Tag einmal unbedingt einen Schneemann bauen. Meine Schulkameraden, der Heigl-Alois, der im Taxöldener Bahnhäuschen wohnte, und der Schmidbauer-Otto aus Blechhammer, waren sofort dabei. Wir rollten schwere Schneekugeln, setzten dem Schneemann einen alten Kochtopf auf und gestalteten seine Augen und Knöpfe mit Kohlebriketts. Zum Schluss setzten wir dem weißen Mann noch eine Gelbe Rübe als Nase ein. Kaum war der Schneemann fertig, begann eine wilde Schneeballschlacht, in deren Verlauf es plötzlich krachte. Das Wohnzimmer-Fenster der Haindl-Anni war zerbrochen. Die Anni hatte vor Schreck ihr Strickzeug fallen lassen und kam aufgeregt aus dem

Im Winter war der Hammersee stets zugefroren. In windstillen Ecken legten Eisstöckler Bahnen an. Zwischendrin wurde auch schon mal ein Erlenzeisig gefangen.

Haus gerannt. Wir Übeltäter flüchteten blitzschnell in einen Schuppen und warteten darauf, was passieren würde. Inzwischen war auch meine Mutter erschienen. Die beiden Frauen beratschlagten, was man tun könnte, um die eisige Kälte von der Wohnung fernzuhalten. Mutter machte der Anni den Vorschlag, dass Vater das zerbrochene Fenster mit ins Hüttenwerk nehmen könnte, um es in der Schreinerei vom „Zweckl" Sepp Vielberth neu einglasen zu lassen. So geschah es auch. Vater brachte der Anni das reparierte Fenster am nächsten Tag wieder vorbei und setzte es auch gleich ein. Wer das Fenster eingeworfen hatte, blieb unser Geheimnis.

Wir konnten es jedes Jahr kaum erwarten, dass der Hammersee zufror und wir endlich aufs Eis durften. Mit unseren Schlitten und Schlittschuhen, die wir nur „Stöcklreißer" nannten, marschierten wir dann los. Die Jacken waren den einen zu klein, den anderen zu groß. Fast jeder hatte einen langen Wollschal um den Hals geschlungen. Außerdem trugen wir auch im Winter unsere Drei-Quartel-Hosen und Holzpantoffel. Auf dem Eis herrschte reges Treiben. Eltern zogen ihre dick vermummten Kinder, deren Bäckchen und Näschen sich vor Kälte rot gefärbt hatten, mit dem Schlitten über den See. In windstillen Ecken legten die Eisstöckler Bahnen an, wie es schon Generationen vor ihnen gemacht hatten. Wir sahen den gewieften Spielern gerne zu, zumal sie um jeden Zentimeter wetteiferten. Es ging um Fünferler, Zehnerler, bisweilen auch um Fünfzig-Pfennig-Stücke. Streitereien blieben da nicht aus. Auch wir Kinder räumten mühsam eine kleine Fläche frei und legten zwei Holzklötze als Dauben aus. Wir spielten allerdings nur mit Ein- und Zwei-Pfennig-Stücken.

Plötzlich hallte ein schriller Pfiff über die Eisfläche. Der „Bur" Michael Wiendl winkte den Wittmann-Franz zu sich, der als Zuschauer das Geschehen auf dem Eis verfolgt hatte. Er sollte für ihn eine Runde mitspielen, denn der Wiendl hatte auf einmal Wichtigeres zu tun. Er hatte am Seeufer einen Schwarm Zeisige entdeckt, die sich auf Erlenbäumen niedergelassen hatten. Der „Bur" holte eine Stange, die er vorsorglich unter einem Baum am Seeufer abgelegt hatte. An der Spitze befand sich eine Leimrute. Mit dieser Stange tastete er sich an die Vögel heran. Da die Zeisige hungrig waren, lockte der Samen. Es dauerte keine fünf Minuten, bis ein prächtiges, gelbgefiedertes Männchen am Leim klebte. Der Vogel kreischte derart aufgeregt, dass seine Artgenossen fluchtartig davonstoben. Der Wiendl-Mich nahm den wild flatternden Zeisig sogleich von der Leimrute, holte aus seiner Manteltasche eine Schuhcremeschachtel mit Holzasche und säuberte damit das verschmierte Gefieder. Dann steckte er den Vogel in ein Leinensackerl.

Der Wittmann nutzte eine Spielpause, um sich das Ganze aus der Nähe anzuschauen. Er bat den Wiendl, ihm doch auch so einen herrlichen Vogel zu fangen, zumal schon wieder einige Zeisige zu den Erlenbäumen am Hammerseeufer zurückgekehrt waren. Tatsächlich gelang es dem Wiendl noch einmal, ein prächtiges Männchen mit der Leimrute vom Baum zu holen. Mit den gefangenen Vögeln im Leinensäckchen marschierten die beiden Freunde nach Hause, um die Zeisige mit Wasser und Futter zu versorgen. Dabei neckte der Franz seinen Spezi: „Wenn da Vogel niad singt, fangst ma an neia, bloß dass das woaßt, Freinderl!"

Die verschwundenen Dohlen

Viele Familien hielten sich früher Waldvögel, vor allem den Kindern zuliebe. Damals gab es schließlich noch keine exotischen Papageien oder Wellensittiche im Handel. Stieglitze, Erlenzeisige und Dompfaffen gehörten zu den Lieblingsvögeln in den Bodenwöhrer Stuben. Für den Vogelfang wurden Leinöl und Firnis verwendet. Der Wiendl-Mich besorgte diese Materialien aus der Gießerei des Hüttenwerkes. In einem gusseisernen Topf („Hefer") wurde der zähflüssige Leim für den Vogelfang gekocht, wobei jeder Fänger sein Geheimrezept hatte. Der Vogelfang war zwar verboten, doch die Ordnungshüter drückten fast immer ein Auge zu.

Wir besaßen mit dem „Hansi" einen Stieglitz, den Vater von den Vielberths bekommen hatte. Eines Tages hatte die „Berm" Barbara Vielberth den Erlenzeisig zu uns gebracht, weil sein Flügel gebrochen war. Vater, den alle nur „Hias" nannten, hatte für verletzte oder kranke Vögel stets einen Käfig frei. Meine Mutter zerdrückte mit einer Nudelwalze Hanfkörner, und ich stellte einen Napf mit Wasser bereit, während meine Schwester Marerl den kleinen Piepmatz hingebungsvoll streichelte. In den folgenden Tagen machte unser Pflegling mit lautem Piepsen auf sich aufmerksam, geradeso, als wolle er sich bedanken. Mutter brachte ihm stets vom Gemüsegarten ein frisches Salatblatt mit. Von Tag zu Tag wurde sein Gesang schöner. Vater meinte, mit dem gebrochenen Flügel wäre der Zeisig sicherlich verhungert oder die Beute einer Katze geworden. Der „Hansi" gehörte bald zu unserer Familie und lebte fast zehn Jahre bei uns. Als er starb, legten wir ihn in ein Grab im Garten, das wir mit Sommerblumen schmückten.

Es gab auch Vogelfänger, die sich aus Nestern im Wald junge Habichte, Bussarde, Sperber oder Eulen holten und diese in selbst gezimmerte Volieren sperrten. Sie fütterten die Greifvögel mit Fleischabfällen und Mäusen. Die Wiendl-Buben, die mit mir in die Klasse gingen, besaßen zwei junge Habichte. Das Futter für die Tiere bekamen sie von den Söhnen der Metzgerei Schießl, mit denen sie gut befreundet waren. Mein Bruder und ich holten ab und zu junge Eichelhäher oder Elstern aus ihren Nestern, die wir zu zähmen versuchten. Der Glöckl-Willi hatte eine Vorliebe für Dohlen, die er sich dank seiner Steigeisen aus Baumhöhlen rund um den Schlossberg beschaffte. 1948 verschwanden die Dohlen über Nacht aus jenem Waldgebiet. Forstarbeiter hatten die abgestorbenen Bäume mit den Bruthöhlen der Vögel abgeholzt. Die Dohlen kehrten nie wieder zurück.

Kahn für eine Reichsmark versenkt

Wenn die Brauerei Jacob im Winter das Eis aus dem Hammersee brach, um es im Eiskeller einzulagern, standen wir Kinder bei klirrendem Frost neugierig herum, um alles genau mitzubekommen. So mancher Arbeiter rutschte bei den Eisarbeiten aus und nahm ein unfreiwilliges Bad. Es waren auch etliche Arbeitslose dabei, die sich ein paar Reichsmark und eine üppige Brotzeit verdienten bei der Eisgewinnung. Mit Sägen und Äxten schnitten und hackten sie große Platten aus dem See. Diese wurden zerkleinert und mit Hilfe von Stangen, die mit spitzen Eisenhaken bestückt waren, auf einer Holzrutsche bis zum Becher-Schaufelaufzug geschoben, der sie in den Keller beförderte. Die offenen Flächen des Hammersees kennzeichnete man mit kleinen Nadelbäumen. Die Arbeit der Eisgewinnung im Hammersee wurde von Brauereibesitzer Friedrich Jacob unter strengsten Sicherheitsvorkehrungen durchgeführt.

Im Sommer ging es rund um die Jacob-Brauerei stets lustig zu. Oft waren auch die Kinder des Brauereibesitzers Friedrich Jacob mit von der Partie: die Tochter Marie mit ihrem hübschen Bubikopf, das zarte Soferl sowie die Buben Fritz und Alfons. Frau Jacob versorgte uns stets mit allerlei Leckereien und natürlich mit dem Kaltenbrunner Sprudel aus dem eigenen Haus. Zusehen durften wir auch beim „Pecheln". Auf einer offenen Feuerstelle wurde Baumharz flüssig gemacht. Mit dem Pech gossen die Arbeiter die Innenwände der Bierholzfässer aus, um sie abzudichten und keimfrei zu machen. Brauereibesitzer Friedrich Jacob war stets selbst dabei und achtete darauf, dass keine Unfälle passierten. Auf der Jacobwiese hatte der „Bräu"-Hans eine Wagenachse in den Boden gerammt und darauf ein Wagenrad und eine Leiter festgezurrt. Wir Kinder setzten uns drauf und fuhren Karussell. Eines Tages waren auch die Gebrüder Wittmann von der „Hoi" dabei. Der Christ setzte sich auf das Gefährt, während der Wiendl-Kare drehte. Je schneller der Kare anschob, desto übler wurde dem Christ. Als sein Bruder Willi das Wagenrad stoppte, übergab sich der Christ sogleich. Das verlangte natürlich nach einer Bestrafung. Der Willi packte den Kare und warf ihn in den Hammersee. Wie ein geprügelter Hund schlich sich der Kare anschließend tropfnass davon.

Wenn die Brauereiknechte vom Feld oder die Bierausfahrer mit ihren Pferden heimkehrten, wurden die von Bremsen übersäten Pferde in die „Schwemm" getrieben. Die Knechte schwammen mit ihren Rössern dann einige Runden im Hammersee. Wir glaubten, Ross und Reiter würden untergehen, doch nichts dergleichen passierte. Oft stand auch Friedrich Jacob am Seeufer und begutachtete dieses Schauspiel. Dabei schwärmte er von den Gäulen, die sein großer Stolz waren. Nach dem Bad führten die Knechte die Pferde zum Stall, trockneten sie ab, striegelten sie und versorgten sie mit Futter und Wasser.

Am Ufer des Hammersees war auf der „Bräu-Wiese" an einem Pfosten ein großer, blau-weiß gestrichener Kahn festgemacht. Er gehörte der Anni, der Schwester des Brauerei-

Aus den Bäumen rund um den Hammersee holten wir uns „Docherln", Dohlen, ins Haus.

Besitzers. Wenn sie Besuch bekam, darunter waren des Öfteren auch Klosterschwestern, fuhr das Fräulein Anni gerne mit den Gästen mit der Zille hinaus auf den großen Hammersee. Wir Lausbuben, der Willi, der Hanserl und ich, ließen den Kahn mit Absicht absaufen. Hatte sich nämlich Besuch bei der Anni angesagt, bat sie uns, ihren Kahn auszuschöpfen, wofür wir eine Reichsmark bekamen, manchmal sprangen sogar zwei heraus.

Nadelstich und Stockzahnreißer

Der Fasching war natürlich für uns Kinder immer eine besondere Zeit. Und nicht nur für uns. Die Faschingsbälle erfreuten sich großer Beliebtheit. Hoch her ging es beim Rosenmontagsball im Brauereisaal. Viele junge Leute lernten sich dort kennen und verliebten sich ineinander. In fantasiereichen Kostümen wurde bis früh in den Morgen hinein getanzt, gelacht und gefeiert. An der Gartenstraße befand sich damals das Kolonialwarengeschäft Michael Kraus. Davor baute die Krämer-Kathl an Kirchweih regelmäßig einen Stand auf mit Süßigkeiten. Zu Fasching gab es dort auch „Maschkerersachen". Wir Kinder kauften uns mit den paar Pfennig, die wir besaßen, am liebsten Spielzeugpistolen mit Korkstöpsel. Den Lauf der Pistole stecken wir in das Fallrohr einer Dachrinne und drückten ab. Das gab jedes Mal einen Mordsknall.

Große Ereignisse waren in den 1930er Jahren die Bodenwöhrer Faschingsumzüge. Im Hof der Brauerei Jacob stellten die „Maschkerer" die Wägen für den Umzug am Faschingsdienstag zusammen, schmückten sie und bespannten sie mit Pferden. Dazu gab es Freibier von der Brauerei. Der Gaudiwurm schlängelte sich durch die Dorfstraße und die angrenzenden Seitenstraßen. Auf dem ersten Wagen saß stets die Blasmusik. Die Bodenwöhrer säumten die Straßen und empfingen den Zug mit stürmischem Applaus. Wir Kinder liefen scharenweise mit furchterregenden Masken herum. Die Teilnehmer schnalzten beim Umzug mit Goisln, während Hexen die Kinder erschreckten oder es zumindest versuchten. Im Jacobsaal waren drei Köpfe aus Pappe aufgestellt, die bei der Gaudi immer dabei waren. Durch den Hals der Köpfe konnte man hindurchsehen. Ich schlüpfte auch

Dem bunten Faschingstreiben durch Bodenwöhr folgten die Kinder ebenso wie die Erwachsenen. Vor den Hexen galt es, sich in Acht zu nehmen.

einmal hinein und beneidete niemanden um diese Verkleidung. Ich bekam in diesem Monstrum kaum Luft.

Wenn endlich der große Tag gekommen war, waren nahezu alle Bodenwöhrer auf den Beinen. Über den Umzug wurde noch lange gesprochen. Wir Kinder verstanden zwar nicht alles, was da auf den Wagen dargestellt wurde, aber ich kann mich gut erinnern, dass bisweilen auch Teller flogen und Raufereien nachgespielt wurden. Dem Inhalt eines Feldpostbriefes meines Vaters war zu entnehmen, dass sogar während der Kriegsjahre ein Faschingszug in Bodenwöhr stattfand, bei dem unter anderem die Bischof-Gretel ausgespielt wurde. Noch gut im Gedächtnis ist mir ein Gaudiwurm, bei dem die Maschkerer den Schneidermeister Hans Lehner und den Zahnarzt Alois Raissle aufs Korn nahmen. Die beiden Männer wohnten im selben Haus. Der Schneider hatte seine Werkstatt und seine Wohnung im Erdge-

Vor dem Gasthof Jacob trafen sich die Teilnehmer am Umzug. Dank des Freibiers der Brauerei gingen die Vorbereitungen flott voran.

schoss. Der Zahnarzt residierte im ersten Stock. Da war Ärger programmiert. Die Herren Nadelstich und Stockzahnreißer lagen sich, vor allem wegen der beengten Raumverhältnisse, ständig in der Wolle. Die Tatsache, dass der Zahnarzt plötzlich in aller Munde war und der Schneider Nadelstiche über sich ergehen lassen musste, sorgte bei vielen Bodenwöhrern für ein breites Grinsen, das ihnen jedoch spätestens beim nächsten Zahnarztbesuch schnell wieder vergangen sein dürfte.

Auch Schneidermeister Lehner war als Herr Nadelstich ein Opfer der Bodenwöhrer Faschingsgaudi.

Vor dem Osterfest Herrgott-Küssen

Der Winter verabschiedete sich langsam. Einzelne Schneeflocken verloren sich noch am Himmel, während die Schnee- und Eisreste auf dem Boden unter den wärmenden Sonnenstrahlen der Frühlingssonne dahinschmolzen. Die ersten Stare saßen bereits im Kobel und riefen mit ihrem Gesang den Frühling herbei. Auch Aprilveilchen, Gänseblümchen und Osterglocken lugten schon vorsichtig aus der Erde. Am Karfreitag zog Mutter uns Kinder schön an und nahm uns mit in die Pfarrkirche zum „Herrgott-Küssen“. In der stockfinsteren Kirche rutschten wir auf Knien vor zum Altar, um das Kreuz davor mit den Lippen zu berühren, was der Volksmund „Schmatzen“ nannte. So mancher Gläubige trug als sichtbares Zeichen jenes christlichen Aktes einen Ausschlag im Gesicht davon.

Am Ostersonntag wälzten wir uns schon in aller Herrgottsfrühe aus den Strohsäcken, um die Ostermesse zu besuchen und die Auferstehung Jesu zu feiern. Mutter hatte da bereits Wasser im Grandel warm gemacht, um uns Kinder zu waschen. Mein schönstes Gewand hatte Mutter für den Kirchgang hergerichtet. Auf dem Küchentisch duftete ein frischer Gugelhupf. Mutter füllte unsere mit Blumenmotiven verzierten Tassen mit frischer Goaßmilch und schnitt meinen jüngeren Geschwistern ein ordentliches Stück vom Kuchen herunter. Wir Älteren durften ihnen nur zuschauen beim Essen, denn im Religionsunterricht hatten wir gelernt, dass die „Nüchternheit ein Zeichen der Ehrfurcht vor Christus“ ist. Mutter packte Eier, Geräuchertes, Salz, Pfeffer und ein Stück Brot in ihren Zegerer, um die Osterspeisen in der Kirche weihen zu lassen. Bevor wir zum Hochamt aufbrachen, verpasste sie mir noch schnell einen schnurgeraden Scheitel wie mit dem Lineal gezogen.

Der Tabernakel in der Kirche bildete eine strahlende Insel inmitten eines Blumenmeeres. Weihrauchschwaden brei-

Auf den Knien rutschten wir an den Kartagen in der alten Pfarrkirche zum Altar, um das Kreuz zu küssen.

teten sich im Altarraum aus. Das Festgewand des Pfarrers erstrahlte im Licht unzähliger Kerzen. Die besinnliche Feier versetzte mich in Hochstimmung. Mit tiefem Stolz empfing ich den Leib Christi. Als ich auf meinen Platz in der Kirchenbank zurückkehrte, lauschte ich andächtig dem mächtigen Klang der Kirchenorgel, der den Glanz der Zeremonie untermauerte.

Zu Hause erwartete uns zunächst ein kleines Familien-Osterfrühstück mit den geweihten Speisen. Danach entledigte ich mich flugs meiner Festtagskleidung. Bald darauf klopfte es an der Haustür. Wie jedes Jahr am Ostersonntag kamen uns Opa und Oma aus Bruck besuchen. Meine Eltern hatten sie zum großen Osterschmaus eingeladen. Vater nahm Oma die schwere Kirm ab, während Opa den Hut mit dem Heiglstecken an den Kleiderhaken beförderte. Es folgten innige Umarmungen und unzählige Busserln von uns Kindern.

Der Esstisch war mit einem schneeweißen Tischtuch überzogen und das gute Essgeschirr, das nur bei ganz besonderen Anlässen zum Vorschein kam, stand auf dem Tisch. Mutter servierte „a woarme Lebaknedlsuppn, a brons Fleisch mit na goutn Soß und griemne Eapflknedl".

Als meine Schwester Babette den Braten sah, lief sie weinend in die Kammer, denn sie war der Überzeugung, dass es sich um ein Geißlein handelte. Doch Mutter konnte sie beruhigen, indem sie Babette in den Arm nahm und ihr glaubhaft versicherte, dass das Fleisch von einem Stallhasen stamme, den sie erst kürzlich vom „Goaßerer" Hans Wiendl geholt habe. Daraufhin kehrte der Appetit meiner Schwester urplötzlich zurück, und sie fieselte den vermeintlichen Hasenschlegel genüsslich bis auf den Knochen ab.

Meinem Bruder Franz und mir drückte Mutter einen bauchigen Bierkrug in die Hand. Damit schickte sie uns zum Dannböck-Gasthof, um für Vater und Großvater je drei Schoppen Bier zu holen. Der Opa zündete sich derweilen eine Zigarre an, während Vater den Pfeifenkopf seiner „Pipp" mit Krüllschnitt stopfte. Mutter und Großmutter spülten das gute Geschirr ab und verstauten es wieder sorgfältig im Schrank.

Dann endlich gab es die Osterbescherung für uns Kinder. Überall suchten wir nach den Osternestern: unter der Bettstatt, im Schrank, hinter dem Vorhang sowie an allen möglichen und unmöglichen Stellen. Jedes Mal ertönte ein Freudenschrei, wenn wieder eines von uns Kindern ein Nest gefunden hatte. In jedem Osternest lagen gefärbte Ostereier, ein mittelgroßer Osterhase aus Schokolade sowie mehrere kleine Ostergackerln aus Zuckerguss. In den Nestern vom Franz und von mir war außerdem ein Geldbeutel mit einem Fuchzgerl drin; in den Osternestern meiner Schwestern hingegen lag je eine Schminkschachtel mit einer silberglänzenden Halskette.

Nun packte Oma ihre Osternester aus. Sie holte aus ihrer Kirm liebevoll bemalte Ostereier, bunte Schokoladen-Osterhasen und vielerlei andere Leckereien hervor. In der Mitte eines jeden Nestes lag am Schluss ein gebackenes Osterlamm, das geschmückt war mit einer weißen Siegesfahne. Unter der Holzwolle jedes Osternestes hatten die Großeltern eine Reichsmark versteckt. Wir Kinder waren überglücklich, nahmen Oma und Opa an der Hand und tanzten mit ihnen. Dazu sangen wir voller Freude: „Ringel, Ringel, Reihe, wir sind der Kinder viere, wir sitzen unterm Holderbusch und machen alle husch, husch, husch."

Als sich Opa und Oma später wieder verabschiedeten, waren sie wohl auch ein bisschen froh, unserem kindlichen Übermut entkommen zu können.

Saftige Watschn statt Kinospaß

Es war das Gesprächsthema Nummer eins, als im Saal der Brauerei Jacob ein Kino eingerichtet wurde. Im gleichen Saal fanden später, während unserer ersten Schuljahre, auch die Turnstunden mit den Gebrüdern Bert und Josef Stabl statt. Den Kinosaal gibt es schon lange nicht mehr, inzwischen steht dort die große Lagerhalle der Brauerei Jacob. Am 23. Oktober 1932 flimmerte an jenem Ort der erste Tonfilm in Bodenwöhr über die Leinwand. Die Hauptrolle spielte der bekannte Schauspieler Weiß-Ferdl. Vorführer war Hans Jacob, der Bruder des Brauereibesitzers, den alle nur den „Bräu"-Hans nannten. Der Eintritt für die Vorstellung kostete dreißig Pfennig.

Auf der Galerie über dem Saal hatte der Filmvorführer seinen Platz, und vorne auf der Bühne war die Leinwand angebracht. Nach dem ersten Akt herrschte reger Betrieb im Kino, denn dort gab es auch einen Ausschank. Die einen Besucher holten sich eine Halbe Bier, die anderen ein „Kra-

Der „Bräu"-Hans (vorne, Mitte) war nicht nur ein leidenschaftlicher Bastler, sondern auch einer der ersten Automobilbesitzer. Sein Vehikel erregte im Ort Aufsehen.

cherl". Es liefen immer sonntags Filme mit bekannten Schauspielern wie Heinz Rühmann, Zarah Leander oder eben dem Weiß-Ferdl. Solange der „Bräu"-Hans Filme vorführte, war das Bodenwöhrer Kino immer voll besetzt. Da es damals weder in Bruck noch in Nittenau ein Kino gab, kamen die Besucher sogar von weither, darunter hübsche Nittenauer und Brucker Mädchen. Mit ihren dicken Zöpfen, „Schwalbennestern", Bubiköpfen und anderen auffallenden Frisuren zogen sie stets die Aufmerksamkeit von uns jungen Burschen auf sich. Die älteren Bodenwöhrer Jungen begleiteten die jungen Damen oft heim, was die Eltern aber nicht wissen durften.

An der Kasse saß die Maria, die Tochter des Brauereichefs Friedrich Jacob. Wenngleich sie unsere Schulkameradin war, durften wir trotzdem nicht umsonst ins Kino, was uns umgemein wurmte. Da wir Buben meistens kein Geld hatten, huschten wir des Öfteren am „Bräu"-Hans und an der Maria vorbei und versteckten uns in einer dunklen Ecke des Saales. Das ging eine Weile gut. Bis der Filmvorführer uns eines Tages auf die Schliche kam. Von irgendjemandem musste er einen Tipp bekommen haben, denn plötzlich riss er zu Beginn der Vorstellung genau jenen Vorhang beiseite, hinter dem wir uns versteckt hatten. Wutentbrannt packte er uns am Krawattl, zog uns hervor und gab uns schallende Watschn, worauf uns schlagartig die Lust auf Kino verging und wir aus dem Saal flüchteten.

Pranger-Tag im Dannböck-Garten

Schon Wochen vor Fronleichnam begannen in unserem Hause die Vorbereitungen für diesen hohen kirchlichen Feiertag. Mutter band für die Nachbarn sowie für verschiedene andere Bodenwöhrer Kränze und verdiente so ein bisschen Geld zum kargen Lohn des Vaters dazu. Zuvor war sie mit der Kirm in den Wald marschiert und hatte Fichtenreisig geholt, das sie um einen Drahtreifen wickelte. Wir Kinder schnitten am Ufer des Hammersees Binsen ab, die wir am Abend vor der Prozession auf die Straßen streuten.

Um vier Uhr früh ertönte der Weckruf „Togrebell", dem Böllerschüsse hinterherhallten. Den Höhepunkt des Pranger-Tages bildete die Fronleichnamsprozession. Kommunionkinder, Vereinsmitglieder, hohe Würdenträger, Festgäste

und Feuerwehrleute mit blank geputzten Messinghelmen und schmucken Uniformen marschierten vorne mit. Vater polierte stets vor dem großen Ereignis die Knöpfe seiner Jacke, bis sie glänzten und wir uns regelrecht darin spiegeln konnten. Vor den vier Altären, vor denen die Prozession anhielt, hatten die Bodenwöhrer prächtige Blumenteppiche gelegt. Dahinter stand ein Kreuz oder ein Marienbild. Die Altäre befanden sich in der Klausensiedlung, beim Gasthaus Dannböck, im Sandfeld bei den beiden Anwesen Treiß und Wiendl sowie bei der Bäckerei Laußer. Sobald der Pfarrer die Monstranz erhob, wurden drei Böller-Schüsse abgefeuert, bei denen etliche Prozessionsteilnehmer zusammenzuckten und Kinder lauthals zu schreien begannen.

Sämtliche Häuser rund um den Prozessionsweg waren geschmückt mit Birkenbäumchen, Fahnen und Kränzen. Einige Bewohner hatten auch Girlanden unter ihren Fenstern hängen oder Bilder mit heiligen Motiven. Nach dem Gottesdienst nahmen viele Bodenwöhrer geweihte Birkenzweige mit nach Hause, weil sie sich davon bei Blitzschlag Schutz für ihr Haus erhofften. Mit den geweihten Birkenzweigen band Mutter jedes Jahr ein Kranzl, das wir an die Wohnungstür hängten. Die traditionsreiche Blechmusikkapelle Bodenwöhr mit den Urgesteinen „Wenz“ Wilhelm Wittmann, „Duser“ Max Vielberth, „Schmois“ Fritz Wiendl, „Sacker“ Josef Dobmeier und dem alten Johann Höllerl, der die Tuba blies, begleitete die Prozession. Den Abschluss bildete der gemeinsame Gang zur Pfarrkirche, wo die Gläubigen den Segen erhielten. Der Pfarrer bedankte sich beim Bürgermeister, bei den Gemeinderäten, den Vereinen und den vielen ehrenamtlichen Helfern für das Schmücken der Altäre und die Mitgestaltung der Fronleichnamsfeier und beim Herrgott für das schöne Wetter.

Die allseits beliebte Bodenwöhrer „Blosmusi“, hier in ihrer Stammbesetzung von 1924, spielte immer am Pranger-Tag im Dannböck-Garten.

Andere saßen zu diesem Zeitpunkt längst unter den ausladenden Kastanienbäumen im schattigen Dannböck-Garten, um die besten Plätze zu besetzen. Dort wurden die hellen und dunklen Biere aus der Jesuitenbrauerei Regensburg ausgeschenkt. Der Duft von gerösteten Bratwürsten zog durch den Garten, während die Blechmusik aufspielte. Auch Bier floss reichlich, was zur Folge hatte, dass es des Öfteren zu Raufereien kam, zumal an diesem Tag bis weit in die Nacht hinein gefeiert wurde. Für uns Kinder gab es noch eine andere Attraktion. Wir trachteten danach, auf der Kegelbahn im Dannböck-Anwesen Kegel aufstellen zu dürfen, denn am Pranger-Tag ließ sich damit gut verdienen. Fielen bei einem Wurf alle Kegel um, hielten wir Jungen stolz den König hoch, was den Keglern durchaus ein Fünferl wert war. So war Fronleichnam das Fest, an dem man mit Kind und Kegel unterwegs war.

Auf ins Gelobte Land

Arbeitslosigkeit und Armut schnellten nach dem verlorenen Ersten Weltkrieg (1914 bis 1918) in die Höhe und ließen auch Bodenwöhrer vom Gelobten Land träumen. In Amerika hofften sie, schnell zu Arbeit und Wohlstand zu kommen. So packten auch Wilhelm Ellert (1922), Josef Ellert (1923), Franz Kaiser (1923) und Wilhelm Kaiser (1925) ihre Koffer, um die weite Schiffsreise nach Übersee anzutreten. Später wagten auch noch Kathi Vielberth (1928), Lina Vielberth (1929), Hans Dobmeier (1928) und Fritz Vielberth (1929) diesen Schritt. An die Abreise vom Vielberth-Fritz kann ich mich heute noch gut erinnern, da er ein guter Freund meines Vaters war.

Beim Abschied spielten sich herzergreifende Szenen ab. In einer geschmückten Kutsche wurden die Auswanderer zum Bahnhof nach Blechhammer gefahren. Die Bodenwöhrer Musikkapelle spielte zum Abschied das Lied

„Muss i denn zum Städtele hinaus". Freunde, Bekannte und viele Neugierige zogen hinter der Kutsche her. Natürlich waren auch meine Spezln und ich dabei. Barfuß und in abgewetzten, speckigen Lederbuxen mischten wir uns unter das begleitende Fußvolk. Am Bahnhof wurden die Koffer und die fest verschnürten Persilschachteln abgeladen. Eine Glocke schrillte. „Treten Sie zurück! Der Zug aus Furth im Wald fährt in den Bahnhof Bodenwöhr ein!", ertönte es. Ein fauchendes Dampfross mit etlichen Personenwaggons blies dunkle Wolken in die Luft. Mit quietschenden Bremsen blieb es vor dem Bahnhofsgebäude stehen. Reisende mit Koffern und Körben stiegen aus und ein. Kinder lachten und schrien. Nun wurde es ernst für die Bodenwöhrer Auswanderer und ihre Angehörigen: Küsse und Umarmungen, ein letzter inniger Händedruck! „Bitte einsteigen!", forderte der Schaffner die Fahrgäste auf. Kurz darauf ertönte ein schriller Pfiff aus seiner Trillerpfeife. Die letzten Türen wurden geschlossen, dann hob

Mit dem Dampfross begann die ungewisse Fahrt der Auswanderer ins Land der scheinbar unbegrenzten Möglichkeiten.

der Schaffner seine Kelle und signalisierte dem Lokführer freie Fahrt. Aus den offenen Fenstern winkten die Auswanderer den Bodenwöhrern ein letztes Mal zu: Ein Meer von flatternden Taschentüchern blieb zurück. Tränen kullerten auf den staubigen Bahnhofsboden. Bald war die schnaubende und qualmende Lok samt Waggons unseren Blicken entschwunden. Am Bahnsteig wurde noch geraume Zeit diskutiert, ehe sich die Menschenmenge auflöste.

Wir Buben hatten dieses Geschehen gebannt beobachtet. Die ergreifenden Abschiedsszenen hatten unsere kindliche Seele tief berührt. Nun verzogen wir uns in die Bahnhofshalle, wo schon unsere Blechhammer-Freunde, der Schmidbauer-Otto, sein Bruder Kare, der Neft-Otto und der Wurz-Toni, auf uns warteten, um Bilder aus den Salem-Zigarettenschachteln zu tauschen. Auf dem Bahndamm zwischen den Schienen marschierten wir später zusammen zurück nach Bodenwöhr. Wenn wir auf spitze Schottersteine traten, tat das höllisch weh. Deshalb schnitten wir uns mit unseren Taschenmessern dicke Stecken als Gehhilfe ab.

Auf der Eisenbahnbrücke, die über den Durchlauf vom oberen zum unteren Hammersee führte, veranstalteten wir

ein Wettwerfen, denn Steine gab es mehr als genug auf dem Bahndamm. Plötzlich schrie der Toni: „Schaut's hi, da Streckngeha kummt!" Der breitschultrige, grimmig dreinschauende Streckenwärter mit seinem buschigen Schnauzer marschierte zwischen den Gleisen direkt auf uns zu. Die Notfahne hatte er umgehängt, und in der Hand trug er einen langen Schraubenschlüssel.

Aufgabe des Streckenwärters war es, dreimal täglich jedes Hauptbahngleis abzugehen und alle Mängel zu beseitigen. Sein Augenmerk galt vor allem den Geleisen. Er hielt nach Schienenbrüchen, lockeren Schrauben und herausgezogenen Schienennägeln Ausschau. Des Weiteren achtete er auf den Zustand der Böschungen, Brücken und Durchgänge sowie der Drahtleitungen. Da das Gehen auf den Geleisen gefährlich und somit verboten war, flüchteten wir augenblicklich in den angrenzenden Wald. Mit finsterer Miene spähte uns der Streckenwärter nach, während wir unsere Köpfe einzogen. Da er uns nicht mehr entdecken konnte, setzte er seinen Weg Richtung Bahnhof Blechhammer fort.

Wir legten beim Wartehäuschen Bahnhof-Hütte eine kurze Rast ein, da mittlerweile ein heftiger Regenschauer eingesetzt hatte, der aber nicht lange anhielt. Auch wenn es keiner aussprach, waren wir froh, daheim zu sein, inmitten unserer vertrauten Welt und nicht auf dem Weg ins fremde Land in Übersee. Der Vielberth-Fritz begann in Amerika zunächst als Hilfsarbeiter in einer Fabrik, arbeitete sich dort bis zum Facharbeiter hoch und heiratete eine Lehrerin. Bodenwöhr blieb er immer verbunden. Bis zu seinem Tod besuchte er regelmäßig die alte Heimat und erzählte von seinen Erlebnissen.

Ohne gültiges Billett hatte niemand Zugang zum Bahnsteig. Zahlreiche Bahnbeamte sorgten 1934 dafür, dass der Verkehr nicht ins Stocken geriet.

Heikle G'schicht beim Freidl-Bäcker

Reisende Hausierer mit Koffern und Bauchläden gehörten zu jener Zeit zum gewohnten Straßenbild. Für ein paar Pfennig verkauften sie Haushaltswaren und Gebrauchsartikel für den täglichen Bedarf. Die reisenden Händler kamen nicht selten von weither. Doch oft genug wurde ihnen die Tür vor der Nase zugeschlagen, denn das Geld war in vielen Familien knapp und das Misstrauen groß.

Eines Tages klopfte es an unserer Tür im Hammerhaus. Mutter öffnete. Vor ihr stand ein kleiner, unscheinbarer Mann. Auf dem Buckel schleppte er einen großen, abgewetzten Koffer in die Wohnung. Auf dem Kopf trug er einen riesigen Schlapphut und an den Füßen viel zu lange Schnürschuhe. Er sah damit ein bisschen wie ein Clown aus. Hinzu kam, dass seine Kleidung vor Nässe triefte. Mutter bat den Hausierer herein und fragte ihn, woher er komme. Der Sonderling erklärte, dass er von der „Rodinger Seite" nach Bodenwöhr gekommen sei. Er sei schon lange unterwegs, doch kaum jemand kaufe ihm hier etwas ab. Wahrscheinlich hatte meine Mutter Mitleid, denn sie brachte ihm eine Schale Kaffee und ein Stück Brot.

Als der Hausierer seinen Koffer öffnete, rückten wir Kinder näher an ihn heran. Mutter meinte, Nähzeug könne sie durchaus gebrauchen, und schickte meine Schwester gleich zu Frau Wittmann, unserer Nachbarin, um sie zu fragen, ob sie ebenfalls etwas benötige. Mutter kaufte dem reisenden Händler schließlich einen Läusekamm mit beiderseits engen Zähnen, Hosenträger für den Vater, Wadlstrümpfe für uns Buben, weißen und schwarzen Sternzwirn sowie Strick- und Nähnadeln ab. Meine Schwestern schwärmten zudem für die bunten Haarspangen, die sie im Koffer entdeckten, woraufhin Mutter meinte: „Soucht's eich halt oi as, wenn's eich g'falln!" Inzwischen war auch die Nachbarin eingetroffen. Sie interessierte sich vor allem für das Stickgarn, das der Hausierer in nahezu allen Farben vorrätig hatte. Als Dreingabe bekamen die beiden Frauen noch Hosen-, Kleider- und Hemdknöpfe sowie farbige Haarbänder für die Mädchen. Mutter und die Wittmannin verabschiedeten sich von dem Rodinger Wandersmann mit einem zufriedenen „Pfüat Gott!".

Wochen später kam erneut ein Hausierer mit Stoffen in den verschiedensten Farben und Mustern vorbei. Mutter begutachtete die Ware ausgiebig, verhandelte lange und kaufte schließlich günstig für meinen Bruder Franz und mich einen Anzugstoff. Einige Tage später marschierten wir mit Mutter zur Bauer-Barbara ins Kaltenbachhaus. Die alleinstehende Frau war bekannt dafür, dass sie billig nähte. Mutter ließ für uns beide modische Knickerbocker-Anzüge mit den neuen Stoffen anmessen. Der Franz und ich mussten einige Male zur Anprobe kommen, bis die Anzüge saßen. Wieder feilschte Mutter lange um den Preis. Sie kam schließlich mit der Schneiderin überein, den Betrag in Raten abzuzahlen. Am Prangertag führten wir unsere neuen Anzüge – sichtlich stolz – das erste Mal aus.

Wann immer sich die Gelegenheit bot, versuchte Mutter, Vaters bescheidenes Hüttenwerksgehalt aufzubessern, sei es beim Preiselbeer- oder Schwarzbeerbrocken im Sommer oder beim Kranzlbinden zu Allerheiligen. Die Waldfrüchte brachte Mutter zum damaligen Mode- und Kolonialwarengeschäft Karl Haindl in die Schwandorfer Straße. Mit einem Teil des Geldes, das Mutter bekam, kaufte sie uns Kindern stets Spielzeug oder Süßigkeiten.

In den Jahren 1933/34 eröffnete der „Bräu"-Hans bei der Ludwigsheide („Hoi") ein kleines Reparaturgeschäft für Fahrräder, Radios und Zubehör. Nebenbei verkaufte seine Frau im Laden Süßigkeiten wie Kokoswürfel, Minzenkugeln, „Guadln", Lakritz und Waffelbruch aus der „Rogl", die Tüte für zehn Pfennig. Die Frau Jacob mochte uns Kinder und schenkte uns des Öfteren, wenn wir uns in der Nähe ihres Geschäftes befanden, ein Ripperl Blockschokolade, „Guadln" oder Brausetabletten fürs „Springerl".

Eines Tages nahm mich mein Klassenkamerad Hansi mit zum Fahrradgeschäft, weil er dort eine Glocke für sein Radl kaufen wollte. So kamen wir auch in die Werkstatt, wo viel Werkzeug und Ersatzmaterial herumlagen. In einer Ecke entdeckte ich alte Fahrradfelgen. In bettelndem Ton fragte ich den Jacob-Hans, ob ich eine alte Felge zum Reifentreiben bekommen könne. Er holte prompt eine verbogene Felge aus einem Schrottberg, richtete sie aus und schenkte sie mir. Ich bedankte mich mit einem lauten „Vergelt's Gott, Herr Jacob!". Der Hansi bekam seine Fahrradklingel, allerdings nicht umsonst.

Anschließend zog mich mein Freund mit zur Brot- und Feinbäckerei Freidl, allerorts bekannt als Bezugsquelle für Reiseproviant, wo er noch etwas für seine Mutter besorgen sollte. Als wir den Laden am Dorfplatz betraten, war nie-

An das Gasthaus Schießl schloss sich die Bäckerei Freidl an. Frau Freidl war eine Seele von Mensch. Viele Bodenwöhrer ließen bei ihr anschreiben, bis im Hüttenwerk Zahltag war.

mand zu sehen. Diesen Augenblick nutzte der Hansi, um ins Regal zu greifen und ein Zuckerhörndl in seiner Jackentasche verschwinden zu lassen. Doch der Bäckermeister Michael Freidl hatte den Diebstahl durch den Türspalt von seiner Backstube aus beobachtet.

Wutentbrannt kam er herausgestürzt und packte den Hansi am Kragen, worauf das Zuckerhörndl aus seiner Joppentasche fiel. An den Ohrwascheln führte der Bäcker ihn zur elterlichen Wohnung. Mich brüllte er an, ich solle mich gefälligst schleichen. Hansis Vater war Sanitätsrat und somit ein angesehener Mann im Dorf. Die missliche Angelegenheit wurde zwischen den beiden Männern ohne großes Aufsehen schnell bereinigt und die Tat als dummer Lausbubenstreich hingestellt. Am nächsten Morgen nahm mich der Hansi beiseite und bat mich inständig, über die heikle Sache zu schweigen. Dafür bekam ich eine Reichsmark Schweigegeld aus seiner Sparbüchse. Ich musste ihm dafür mein Ehrenwort geben, dass seine Schandtat zu Lebzeiten niemals an die Öffentlichkeit kommen dürfe.

Auf der Heide hatte der „Bräu"-Hans Jakob sein Reparaturgeschäft. Doch auch Kokoswürfel und leckerer Waffelbruch wurden verkauft.

Herr Seltsam und die Katzenfrau

Oft saßen die Hammerhaus-Leute an einem lauen Sommerabend gesellig beieinander und unterhielten sich lebhaft miteinander. Oft begleitete das Gequake der Frösche vom Heimerl- und Birner-Weiher ihre Gespräche. Dazwischen mischte sich das Kläffen von Hunden, ganz selten war auch der Lärm von motorisierten Schnauferln zu hören. Mutter rieb sich an solchen Abenden mit Essigwasser ein, um die Staunsen und Bremsen abzuhalten, während sich Vater lieber ein Pfeiferl anzündete und genussvoll sagte: „Den Rauch kinnas niad vertrogn!“ Sobald jemand eine Sternschnuppe am Himmel entdeckte, wurde eifrig über Wünsche diskutiert. So mancher, der zu tief in den Steinkrug geschaut hatte, schlief dabei ein.

Die Frauen teilten gerne ihre Kocherfahrungen aus, wobei fast immer Gerichte wie Maultaschen, Reiberdatsch, Rohrnudeln, Erdäpflsuppe und -brei, Sterznudeln oder Schwammerlgerichte im Mittelpunkt standen. Der Rat der Wittmann-Resl war meist dann gefragt, wenn es um selbst eingekochte Marmelade ging. Am Sonntag gab es in vielen Familien auch Fleischgerichte wie Schweinebraten mit Reiberknödeln. Meistens bekam Vater das größte Stück, da er die schwerste Arbeit verrichten musste. Dafür tunkten Frau und Kind Knödel und Brotstücke tief in die dicke Bratensoße ein. Am Sonntagnachmittag gab es oft noch einen saftigen Topfkuchen mit vielen Rosinen drin oder auch einen Schwarzbeer-Datschi.

Wenn das Geld in der Familie immer knapper wurde, was regelmäßig am Monatsende der Fall war, kamen oft getrocknete Schwammerln oder Schwammerlbrühe mit Sterz auf den Tisch. Damals herrschte noch kein Mangel an Steinpilzen, Rotkappen oder Pfifferlingen in den Wäldern. Wenn sich die Mondsichel am Abendhimmel abzeichnete, wurde es Zeit aufzubrechen, allerdings nicht, ohne vorher darüber sinniert zu haben, was wohl die neue Woche an Überraschungen bringen werde. In einem seit Generationen überlieferten Wochenkalender stand's ohnehin geschrieben:

Am Monda dou grond a.
Am Irda dou kehrt a.
Am Micha, dou dicht a.
Am Pfingsta dou schimpft a.
Am Freida dou schreit a.
Am Samsta dou treibt a mit da Goaß auf Randschba.
Am Sunta dou treibt a mit da Goaß wieda owa.

(Am Montag, da schimpft er. Am Dienstag, da kehrt er. Am Mittwoch, da dichtet er. Am Donnerstag, da schimpft er. Am Freitag, da schreit er. Am Samstag, da treibt er mit der Ziege auf den Randsberg. Am Sonntag, da treibt er mit der Ziege wieder herunter.)

Im Hammerhaus wohnten auch viele seltsame Leute. Da war zum Beispiel ein Mann, den viele Bodenwöhrer für einen Wilderer hielten. Er hatte, wie die meisten Bodenwöhrer, seinen Lebensunterhalt im Hüttenwerk verdient. Die Arbeit dort war schwer und staubig. So musste bei Ausschussprodukten die Emaille mit Pickhämmern herausgeklopft, gebeizt und anschließend das Produkt neu überzogen werden. So mancher Hüttenwerksarbeiter holte sich beim Abblasen der Rohgussteile und des emaillierten Ausschusses mit Quarzsand eine Staublunge und musste mit einer kleinen Rente frühzeitig in den Ruhestand gehen. So war es auch dem „Wilderer" ergangen.

Er schaute stets mürrisch drein und trieb sich die meiste Zeit, auch spät abends noch, im Wald herum. Nachweisen konnte man ihm freilich nie etwas. Dabei belegte er die Selch, also die Räucherkammer des Hammerhauses, auffällig oft. In Pflanzschalen hatte der alte Mann gusseiserne

Ich, meine Schwester Babette, Wilfried Ellmann und mein Bruder Franz (von links) zeigten uns gerne als fidele Musikanten (1939).

Töpfe gestellt, in denen er das gebeizte Fleisch aufbewahrte, denn Kühlschränke gab es zu jener Zeit noch nicht. Die Leute im Dorf machten ihn auch stets darauf aufmerksam, wenn ein verendeter Karpfen oder Hecht im Hammersee trieb. Den holte sich der Sonderling mit einer langen Stange aus dem Wasser und kochte ihn mit Essig ab.

Ich stand eines Tages mit Mutter im Hausgang und hörte zu, was die Frau des Waldläufers mit gedämpfter Stimme erzählte: „Mei Alta, der Depp, hot gestern bei Taxöldan an Wüldhosn g'fanga und lebendig im Rucksock mit hoambrocht." Voller Freude habe er ihr aufgetragen: „Dou machst am Sonntag an goudn Hosnschlegl mit Rahmsoß mit grouße Reibaknödl dazou!" Dann habe ihr Mann seinen Hut an einen Nagel an der Wand gehängt, den Rucksack auf einen Stuhl gestellt und ihn langsam aufgeschnürt, um seiner Frau den Fang zu zeigen. Als er den Wildhasen an den Löffeln herausziehen wollte, habe das Tier zugebissen und sei durch die geschlossene Fensterscheibe in die Freiheit entsprungen. Fluchend habe ihr Alter den Rucksack in die Ecke gefeuert und den Wildhasen als „elenden Sauhund" beschimpft und ihm hinterhergerufen: „Bei der nächstn Treibjagd reißt da da Jacha schon dei Joppn owa."

Eines Tages suchte der Fischer-Peter aus Neuenschwand den Mitbewohner auf und berichtete ihm, dass eines seiner

Ferkel im Weiher ertrunken sei. Bei Mondschein zog der Mann daraufhin mit seinem Handwagen und einer langen „Oostheiglstanga" den Holzweg entlang nach Neuenschwand. Damit holte er die tote Sugl aus dem Weiher, schaffte sie nach Hause, zerlegte sie und brachte sie in die Räucherkammer. Ihm machte der Verzehr der verendeten Tiere offensichtlich nichts aus. Mitunter holte er sich sogar geschossene Füchse, beizte sie ordentlich ein und aß sie. Wahrscheinlich war seine Beize derart scharf, dass sie sämtliche Bakterien abtötete.

Ich saß mit dem „Wilderer" oft auf der Fensterbank, um ihm zuzuhören, wenn er auf seiner Quetschn spielte. Einmal warf ihm ein Spaßvogel, während er spielte, eine Katze auf den Nacken, worauf er vor Schreck von der Fensterbank stürzte. Das Instrument wurde dabei beschädigt. Der Mann flickte die Ziehharmonika angeblich mit Heftpflaster wieder zusammen. Jedenfalls hörte ich ihn auch nach jenem Vorfall noch spielen.

Zu gern ärgerten wir den alten Mann mit unserem „Fensterzupfer". Dazu drückten wir einen Reißnagel ins Fensterkreuz und spannten einen Zwirn. Wenn wir daran zupften, ergab das ein nervendes Geräusch. Das trieb ihn derart zur Weißglut, dass er jedes Mal wutentbrannt hinter uns herjagte.

Eines Tages begegneten Mutter und ich im Hausgang der Vielberth-Barbara. Ihr standen die Tränen in den Augen. Mutter legte den Arm um sie und fragte nach dem Grund für ihre Traurigkeit. Da erzählte ihr die „Berm" von ihrer rehbraunen „Goaß", die immer so viel Milch gegeben habe und nun „g'freckt" sei. Mutter bot sofort ihre Hilfe an. Sie holte den Holzwagen aus dem Schuppen, hob die tote Ziege hinauf und bedeckte das verendete Tier mit einem Kartoffelsack. Dann schlug sie vor, die tote Ziege zum „Louderplotz aaf da Hoi" am Waldrand zu bringen. Dort entsorgten die Bodenwöhrer alle Tierkadaver. Wir hoben zusammen eine tiefe Grube aus, legten das tote Tier hinein und schütteten das Loch wieder zu.

Im Hammerhaus wohnte auch eine ältere Frau, in deren Wohnung sich hinter einem Schrank ein Geheimnis verbarg. Eines Tages wurde die Frau schwer krank. Kein Arzt fand heraus, was ihr fehlte. Allerdings fiel allen ein sonderbarer Geruch in der Wohnung auf. Als man auf der Suche nach dem Grund den Schrank beiseiterückte, entdeckte man in der geheimnisvollen Nische eine Stofftasche mit einem verwesten Katzenkadaver.

Eine andere Frau aus dem Hammerhaus liebte es, durch ihre Haarfarbe aufzufallen. Sie färbte sich ihre Haare regelmäßig mit Schuhcreme pechschwarz. Die dunkle Haarpracht hielt aber regelmäßig nur bis zum nächsten Regen.

Ein anderes Original aus dem Hammerhaus schlichtete an der Stelle, an der heute die katholische Pfarrkirche steht, einen gewaltigen Holzstoß an. Da der Mann von Natur aus sehr misstrauisch war, vermutete er sogleich Diebe am

Werk, als sich der Stoß mit der Zeit senkte. Um den vermeintlichen Dieben das Handwerk zu legen, bohrte er etliche Holzscheite an und füllte Schwarzpulver hinein. Als seine Frau eines Tages mit jenen Holzscheiten den Ofen der Küche anschüren wollte, um ihrem Mann das Essen zuzubereiten, gab es einen Mordsknall. Das Ofenrohr in der Kuchl krachte herunter, und der Regulator stürzte von der Wand. Nicht nur die ganze Küche, auch das Gesicht der Frau war kohlrabenschwarz. Auf Geheiß seiner besseren Hälfte musste der Mann unverzüglich ins Hüttenwerk marschieren, um aus der Kalkgrube für eine Reichsmark Material fürs Ausweißen der Küche zu holen.

Beim Bader geht die Post ab

Nach wechselnden Standorten wurde die Bodenwöhrer Postagentur 1925 im neu erbauten Wohnhaus von Hans Beil untergebracht. Darin befand sich auch das Friseurgeschäft, in dem der Besitzer als approbierter Bader arbeitete. Er riss, wie es damals üblich war, auch Zähne. Täglich brachte der Postbeamte von dort die Paket- und Briefpost, ob Winter oder Sommer, mit einem gelben, zweirädrigen Karren, auf dem ein großes Posthorn prangte, zum Bahnhof „Bodenwöhr-Hütte".

An einem schwülwarmen Julitag nahm der Postbeamte vor einem Anstieg seine Mütze ab, um sich den Schweiß von der Stirn zu wischen. Keuchend bat er uns: „Göiht's, Boum, helft's ma beim Affeschöim!" Damals hatte Bodenwöhr noch keine geteerten Straßen. Natürlich packten wir mit an und schoben das Gefährt gemeinsam hoch. Bald darauf hörten wir auch schon die Dampflok, die mit einem schril-

Mit dem Ende des Hüttenwerkes verfiel auch das Hammerhaus. 1967 wurde es dem Erdboden gleichgemacht.

len Warnsignal die Dorfstraße überquerte. Mit quietschenden Bremsen hielt der Zug an der Haltestelle an. Flink wurde Stückgut aus- und eingeladen. Manchmal wurden noch zwei Waggons mit geschältem Grubenholz angehängt, das auf einem freien Platz beim Bahnhof gelagert wurde. War alles erledigt, hob der Zugschaffner mit seiner roten Mütze die Kelle und gab mit einem lauten Pfiff das Signal zur Weiterfahrt. Der Zug rollte dann weiter zu den Stationen Bruck und Nittenau. Die 10,8 Kilometer lange Bahnlinie von Bodenwöhr nach Nittenau war 1907 nach nur einjähriger Bauzeit eröffnet worden.

Das Unkraut sowie Hecken und Sträucher, die auf und neben der Bahnlinie Bodenwöhr–Bruck–Nittenau wucherten, wurden jedes Jahr beim „Bahngrosn“ von Frauen aus Bodenwöhr und Bruck beseitigt, die sich mit dieser Arbeit ein paar Mark dazuverdienten. Später wollte sich die Reichsbahn diese Kosten sparen und brachte an der Vorderseite einer Lok beidseitig Behälter mit Schädlingsbekämpfungsmitteln an, die während der Fahrt ihr tödliches Gemisch auf die Geleise und den Bahndamm sprühten. Solche Mittel machten jedoch nicht nur dem Unkraut, sondern auch vielen anderen Pflanzen und Tieren den Garaus. Ich erinnere mich noch gut daran, wie ich mit dem Weinfurtner-Schorsch und dem Bauer-Toni, die beide später im Zweiten Weltkrieg fielen, im Sandfeld Grillen fing. Bei der Brücke, die über den Sulzbach führte, veranstalteten die Insekten alljährlich ein höllisches Spektakel. Mit Grashalmen stocherten wir die fleißigen „Musikanten“ aus ihren Löchern. Die Grillen krochen oft direkt in unsere mit Gras ausgepolsterten Zigarrenkisten. Es dauerte meist nicht lange, da setzte das Zirpen, das die Grillen durch das Reiben der Flügel am Körper erzeugen, auch in den Zigarrenkisten ein. Mittlerweile sind die Grillen fast überall verstummt ...

Da es zu regnen begann, setzte sich der Postbeamte zu uns in die Hütte und bot uns „Guadln“ an. Dabei erkundigte er

„Kummt bald da nächste Zuch?“ Es war jedes Mal eine Schau, wenn die Dampfrösser unter gewaltigem Getöse in den Bahnhof Blechhammer einfuhren.

sich nach unseren Berufswünschen. Mein Freund, der Haimerl-Josef, den alle nur „Kuppl“-Sepp riefen, meinte, er wolle Polizist werden. Wegen der schönen Uniform. Mein Bruder Franz gab an, Lokomotivführer werden zu wollen, und mein Lieblingsberuf war Förster, denn ich liebte die Natur über alles. Als es aufgehört hatte zu regnen, zog der Postbote mit seinem einachsigen Postkarren zurück zur Postagentur im Beil-Haus. Wir trotteten hinter ihm her.

Zu Hause wollte Mutter von uns wissen, ob wir denn wieder etwas angestellt hätten. Wir erzählten ihr, dass wir dem Postbeamten beim Schieben geholfen hätten, wofür uns Mutter lobte und meinte, da hätten wir ein gutes Werk getan. Dann machte sie den Tischladen auf, holte einen halben Laib Brot hervor, schnitt jedem von uns eine dicke Scheibe ab und bestrich sie mit Kunsthonig. Selbstverständlich bekam auch unser Freund, der „Kuppl“, ein Stück.

Zirkus mit der Vielberth-Resi

Eines Tages kam ein kleiner Zirkus nach Bodenwöhr. Mit ihren pferdebespannten Zigeunerwägen und den großen Käfigen, in denen Affen kreischten und Raubtiere brüllten, zogen die Artisten zum freien Platz in der Ortsmitte. Da wir nebenan im Hammerhaus wohnten, konnten wir das Treiben aus nächster Nähe beobachten. Nachdem die Wägen in Kreisform aufgefahren waren, begannen die Zirkusleute sogleich damit, eine Schiffschaukel, ein Karussell und einen Masten für die Hochseil-Akrobaten aufzubauen. Schon am nächsten Morgen tauchten Zirkusleute bei uns auf und bettelten um Futter für ihre Tiere, worauf Mutter auf den Dachboden stieg und den Schaustellern vier Kirm voll Heu brachte. Dafür boten ihr die Schausteller Geschirr an, natürlich zweite Wahl. Außerdem bekamen wir Kinder Freikarten. Das Wasser für die Tiere holten sie sich vom Brunnen hinter dem Hammerhaus. Mit Plakaten am Lindenbaum in der Dorfmitte und an Zäunen versuchten sie, Zuschauer für ihre Aufführungen zu gewinnen: „Menschen, Tiere, Sensationen!“

Die Zirkusvorstellungen waren fast immer gut besucht. Meist wurden ganze Familien vorstellig. Der Eintritt kostete zwischen zwanzig und dreißig Pfennig. Die Aufführungen waren

ein Erlebnis für Jung und Alt. Vor der Vorstellung kündigte ein Schausteller das Programm an, wobei er auf seiner Drehorgel spielte. Das war ein großes Instrument mit Schwungrad. Auch wir Kinder durften mal drehen. Ich war regelrecht fasziniert vom warmen, unnachahmlichen Klang. Wer weiß, vielleicht wurde damals der Grundstein für meine spätere Drehorgel-Karriere gelegt. Auf jeden Fall hätte ich schon damals nur zu gern selbst eine solches Instrument besessen.

Wenn die Seilartisten auftraten, war es mucksmäuschenstill unter der Zirkuskuppel. Schwankte ein Artist mit seiner Stange bedenklich zur Seite, schallten vereinzelte Angstschreie durch das Rund. Den Höhepunkt bildete neben den Auftritten dressierter Pferde, Affen, Ziegen und Hunde ein tanzender Braunbär. Aufrecht gehend, wurde er von seinem Dompteur an einem Nasenring durch die Manege geführt und zeigte seine Kunststücke. Manche Kinder fürchteten sich bei dem Anblick des mächtigen Raubtieres und flüchteten in die hinteren Reihen. Weitaus ungefährlicher war der springende Geißbock, dessen lustiges Meckern aus den Zuschauerreihen widerhallte. Nach einigen Tagen brachen die Zirkusleute ihr Zelt ab, um es in Bruck wieder aufzubauen. Mutter gab ihnen noch Heu für die Pferde, Esel und Ziegen mit. Als Gegenleistung bekam sie Pferdemist als Dünger für unseren Gemüsegarten.

Später tauchte auch der Zirkus „Fronelli“ in Bodenwöhr auf. Er machte bei der inzwischen aufgefüllten Schlackenhalde des Hüttenwerkes Halt. Auch ein Drahtseil wurde gespannt, worüber ein Artist mit einer Stange balancierte. Schließlich sollte sich auch ein Bodenwöhrer mit hinauf aufs

Wenn ein Wanderzirkus in Bodenwöhr Halt machte, dann wurden zwischen dem alten Gemeindehaus (rechts) und dem Gasthaus Schießl (links) oft Seile gespannt, über welche die Artisten balancierten.

Seil wagen. Das traute sich jedoch nur die Vielberth-Resi zu. Der Artist hob die „Bruckener“ auf seinen Rücken und balancierte mit ihr schwungvoll über das Seil.

Ein weiterer Höhepunkt jener Zirkusshow war das Begräbnis eines Artisten bei lebendigem Leib. Dazu wurde eine Grube ausgehoben, in welche sich der Schausteller legte. Darauf wurde das Loch wieder zugeschüttet. Nur ein Sicherungsseil ragte noch aus dem Boden. Nach über fünf Minuten wurde der Mann wieder ausgegraben – lebend! Für uns Bodenwöhrer Kinder war das eine Sensation.

Der Taubenklau

Wenn wir Buben uns in der Nähe der Brauerei Jacob herumtrieben, wanderten stets bewundernde Blicke zum Taubenschlag. Mein Kamerad, der Haimerl-Jos, schwärmte für die herrlichen Kropftauben, während es dem Wiendl-Hans

Die Taubenschläge und der Rossstall der Brauerei Jacob (links) hatten es uns Kindern angetan.

eher die Brieftauben angetan hatten. Mein Bruder Franz und ich hatten hingegen die Trommler mit ihren prächtigen Schöpfen ins Herz geschlossen.

Eines Tages reifte in uns die verhängnisvolle Idee, heimlich einige der schönen Vögel zu holen. Neben dem Rossstall der Brauerei befand sich der geräumige Hühnerstall. Oben an der Tür war ein Loch ausgeschnitten, in das die Tauben einfliegen konnten. Als die Knechte mit den Gäulen unterwegs waren, schlichen wir uns in den Stall. Während mein Bruder Franz und der Seppl sich durch die Tür zwängten, hielten wir den Hühnereinstieg zu, damit die Tauben nicht davonkonnten. Schon kurz danach flatterten einige hilflos in unserem Kartoffelsack. Gerade als der Sepp und mein Bruder Franz aus dem Hühnerstall herauskrochen, kam die Frau Jacob herbeigeeilt. Offenbar hatte sie unser Treiben von der Schänke aus beobachtet. Wir ließen alles liegen und stehen und ergriffen die Flucht, als wäre der Teufel hinter uns her. Bei den Hammerhaus-Schuppen trafen wir uns wieder. Mein Bruder klagte über Kopfschmerzen. Frau Jacob hatte ihm einen dicken Schlüsselbund nachgeworfen und prompt getroffen.

Der Hans machte den Vorschlag, umgehend das Gotteshaus aufzusuchen und alle Heiligen um Vergebung zu bitten. Wir hielten das für einen ausgesprochen guten Vorschlag. Und so marschierten wir mit gesenkten Häuptern zur alten Kirche, nahmen in der ersten Bank Platz und baten inständig alle Heiligen um Beistand. Nicht auszudenken, was passieren würde, wenn unsere Eltern von der Lumperei erführen! Zu Hause kam uns deshalb auch kein Sterbenswörtchen darüber über die Lippen.

Als Vater jedoch eines Tages drei Pfiff Bier an der Schänke der Gastwirtschaft Jacob holte, schob Frau Jacob die Mütze meines Bruders Franz über den Schanktisch. Dabei erzählte sie Vater vom versuchten Taubendiebstahl. Dem verschlug es fast die Sprache. Doch der Gattin des Brauereibesitzers war nicht daran gelegen, großes Aufsehen zu erregen. Allerdings verlangte sie, dass wir Übeltäter umgehend zu ihr kommen müssten, damit sie uns eindringlich ins Gebet nehmen könne. Vater bedankte sich vielmals für ihr Verständnis und zeigte sich sichtlich erleichtert. Zu Hause brach ein Mordsdonnerwetter über den Franz und mich herein. Doch die Strafe folgte nicht sogleich auf dem Fuße, denn zuerst mussten wir unseren Bußgang antreten.

Maria Jacob senior hörte sich unsere untertänigste Entschuldigung mit scheinbar versteinerter Miene an. Dann packte sie uns so fest an den Ohrwaschln, dass wir beide vor Schmerz aufheulten. Mein Bruder fing sogar zu weinen an, worauf ihre Tochter Maria, unsere Schulkameradin, zu kichern begann. Das missfiel der Frau Jacob. Sie schickte die Maria in die Wirtsstube, um für uns reumütige Sünder zwei Kracherln und zwei Wurstsemmeln zu holen. Als die Tochter die Semmeln brachte, flüsterte sie spöttisch, der Lehrer werde uns bestimmt noch ordentlich den Hintern versohlen. Doch die Wirtin verbot ihr ausdrücklich, uns in der Schule zu „verpritschn“.

Damit wir künftigen Verlockungen leichter widerstehen könnten, kündigte Frau Jacob an, uns junge Täubchen aus der nächsten Brut zu schenken. Überglücklich bedankten wir uns und versprachen ihr hoch und heilig, nichts derart Unrechtes mehr anzustellen. Vater dagegen schimpfte uns, als wir heimkamen, als missratene Lausbuben und verdonnerte uns zum Holzscheitlknien, bis unsere Knie wund waren. Unsere zwei Spezln, der Jos und der Sepp, kamen ungeschoren davon, da sie nicht erkannt worden waren. Doch dafür bekamen sie auch keine jungen Täubchen, was wir als ausgleichende Gerechtigkeit empfanden.

Als sich Vater wieder einmal drei Schoppen Bier bei der Brauerei Jacob abholen wollte, lief er Friedrich Jacob in die

Hände. Der Brauereibesitzer erklärte, dass wir die jungen Tauben, die uns seine Frau versprochen habe, abholen könnten. Wenn sein Knecht den Taubenschlag sauber mache, sollten wir vorbeikommen. Wir Kinder machten einen Luftsprung, als wir davon erfuhren. Es kam sogar noch besser, denn Vater begann sogleich, einen Taubenschlag zu zimmern. Zwei Tage später marschierten wir mit ihm zur Brauerei. Friedrich Jacob persönlich öffnete uns den Schlag, damit wir uns schöne Täubchen aussuchen konnten. Mein Bruder Franz entschied sich für einen stolzen Kröpfer, während ich mir eine prächtige Trommeltaube aussuchte. Wir kletterten den Heubodensteig hoch, nahmen die Vögel von den Sitzstangen und packten sie in einen Sack. Vater fragte Herrn Jacob, was er ihm schuldig sei, doch der winkte ab. Schließlich habe seine Frau versprochen, uns die Jungen zu schenken. Daraufhin marschierten der Franz und ich zur Frau Jacob und bedankten uns überschwänglich, worauf uns die warmherzige Dame übers Haar strich und uns ein Glas Kaltenbrunner Sprudel einschenkte. Dabei bat sie uns, gut auf die kleinen Tauben aufzupassen und sie ja nicht schlachten zu lassen.

Im Pferdestall durften wir uns sogar noch die prächtigen Rösser ansehen, auf die Brauereibesitzer Friedrich Jacob so stolz war. Zu Hause wollten natürlich alle unsere Täubchen begutachten und streicheln. Schon bald fing das erste zu gurren an, was Mutter als Zeichen deutete, dass es sich bei uns wohlfühle.

Monate später entwischte mir beim Säubern des Schlages meine geliebte Trommeltaube. Sie flatterte geradewegs aufs „Schupfadoch". Um sie wieder einzufangen, holte ich die Leiter aus dem Schuppen, lehnte sie an den Dachvorsprung und versuchte, mit einer langen Stange an den Vogel heranzukommen. Da rutschte die Leiter weg, und ich krachte von hoch oben auf den Boden. Zum Glück kam in diesem Moment die alte Wittmannin mit einem Korb voller Holz auf dem Rücken daher. Die „Wig“ holte sogleich den Bader Max Beil zu Hilfe. Auch meine Mutter wurde verständigt. Gemeinsam mit dem Hautmann-Hans trugen sie mich in die Wohnung und legten mich auf den Diwan, während Max Beil telegrafisch Dr. Völkl informierte. Ich hatte unbändige Kopfschmerzen und musste mich übergeben. Der Arzt traf schon kurze Zeit nach dem Unfall ein. Er beruhigte mich, tastete und klopfte mich ab und stellte schließlich fest: „Der Bub hat sich zum Glück nichts gebrochen, doch mit der Gehirnerschütterung ist nicht zu spaßen!“ Der Doktor legte mir einen Kopfverband an, der nur noch meine Augen frei ließ. Dann holte Dr. Völkl Tropfen und Tabletten gegen den Schmerz und für einen erholsamen Schlaf aus seinem Arztkoffer. Von mir verabschiedete sich der Mediziner mit einem festen Händedruck. Dabei zwinkerte er mir zu: „Nächste Woch konnst mit deine Freindln scho wieda umanandarenna!“

Als Vater von der Arbeit im Hüttenwerk nach Hause kam, erschrak er sichtlich, als er mich mit meinem Kopfverband so liegen sah, genauso meine Geschwister. Auf meine Bitte hin holte Vater meine kleine Trommeltaube vom Dach des Schuppens, bevor sie ein Raubvogel erwischte. Fast jeden Tag besuchten mich meine Schulkameraden, allen voran der Schmidbauer-Otto, der Glöckl-Willi und die Wiendl-Buben. Und meine Schwester Babette musste mir bei den Schulaufgaben helfen. Irgendwie war die Gehirnerschütterung doch gar nicht so schlecht.

Von Maria und Friedrich Jacob (hinten, von links) bekamen wir Tauben geschenkt. Vorne sind ihre Kinder Sofie, Friedrich und Maria zu sehen.

Besuch beim Grehmann-Sepp

Wir Kinder hatten ein großes Herz für Tiere. Die Flugtauben stellten uns bald schon nicht mehr zufrieden. Nun wünschten wir uns Turteltäubchen für die Käfighaltung. Eine gute Adresse war hier der Grehmann-Sepp in Mögendorf, der alle möglichen Viecherln hatte. Wir bettelten so lange, bis der Vater mit meinem Bruder Franz und mir nach Mögendorf marschierte. Kaum hatten wir die Gartentür geöffnet, stürzte uns auch schon ein zähnefletschender Mischlingshund entgegen. Zum Glück hing er an einer Kette, die ihn ruckartig von seinem geplanten Überfall auf uns abhielt. Der Besitzer des Vierbeiners stand, gestützt auf einen „Heiglstecken“, vor der Haustür und schickte den wütend bellenden Hund mit einem scharfen Kommando in seine baufällige Hütte zurück.

Rund um das Haus herum herrschte ein lebhaftes Treiben von Perlhühnern, Zwerggockeln, Truthennen und Entenküken. Auf dem windschiefen Hausdach sonnte sich eine Schar Tauben in allen Farbschattierungen. Wir nahmen auf einer wackeligen Hausbank Platz. Schon bald umschmeichelten drei junge Kätzchen unsere Waden. Mein Bruder Franz bettelte den Vater, den Grehmann-Sepp zu fragen, ob wir ein Kätzchen mitnehmen dürften. Doch Vater lehnte dies mit dem Argument ab, dass der „Kare“, der Mischlingshund unseres Nachbarn Haindl-Wast, keine Katzen möge. „Bestimmt würde er das kleine Katzerl gleich totbeißen“, meinte Vater.

Der Grehmann führte uns in seinen Schuppen. Er zog den verrosteten Riegel beiseite, worauf die „Schupfatüa“ knarrend aufsprang. Wir sahen einen Stall, in dem sich süße Hasen tummelten. Daneben stand ein Käfig mit sechs weißen Lachtauben. Vater bemerkte unsere kindliche Freude und meinte freudestrahlend: „Solche kröigt's.“ Der Grehmann jammerte, dass Marder und Ratten schon etliche

Jungtiere geholt hätten, weshalb er eine Tellerfalle aufgestellt habe, in der sich allerdings zu seinem Leidwesen bislang nur ein Igel gefangen habe. Daraufhin stopfte der Grehmann eine gehäufte Pris Schmalzler in seine breiten Nasenlöcher und stellte der Katze eine Schale frischer Milch hin. Für uns packte er noch Zwetschgen in eine „Rogl“ (Tüte). Die jungen Tauben sollten wir dann abholen, „wenn's selwa fressn kinna“. Vater versprach uns auf dem Nachhauseweg, gleich einen Käfig für die „kloan Teiberl“ zu zimmern. Schon am nächsten Tag holte er mit dem Handwagen aus dem Hüttenwerk für eine Reichsmark eine große, gebrauchte Kiste. An deren Vorderseite baute Vater ein Gitter ein und besorgte zwei Futternäpfe. Wir Kinder konnten es kaum erwarten, bis endlich die Nachricht aus Mögendorf eintraf, dass wir die jungen Lachtauben abholen könnten.

Als es so weit war, richtete Mutter eine Schuhschachtel her, stach Luftlöcher hinein und polsterte sie mit weichem Papier aus. Der Grehmann-Sepp führte uns in den Schuppen, wo die Tauben wie Perlen aufgereiht auf Stangen hockten. Routiniert fing er die vier jungen Täubchen ein und packte sie in unsere Schachtel, die wir sogleich sicher verschnürten. Für die vier Tauben verlangte der Züchter eine Reichsmark und zwanzig Pfennig. Dafür gab er uns noch Futter mit. Am Schluss kam auch noch seine Frau aus dem Haus und schenkte uns Äpfel und Birnen. Sie wünschte uns viel Glück mit den Lachtauben und mahnte uns, sie regelmäßig zu füttern und gut zu behandeln, damit wir lange Freude an ihnen hätten. Zu Hause setzte Vater die vier jungen Tauben gleich in den neuen Käfig. Wir standen alle staunend davor und bewunderten die niedlichen Vögel.

Unsere jüngste Schwester Peperl, die noch in den Kinderheim-Kindergarten auf der Klausensiedlung ging, bettelte von da an meinen Vater nahezu täglich, ihr einen Hasenstall zu zimmern. Da Vater im Schuppen noch einige Abfall-

Die Klausenstraße war die längste Rodelbahn Bodenwöhrs. Auf ihr sausten wir Kinder hinunter bis zum Hüttenwerk.

bretter übrig hatte, machte er sich tatsächlich an die Arbeit. Das Peperl sollte zum Namenstag süße Streichelhasen bekommen.

Eines Tages nahm Vater das Peperl und das Marerl an die Hand, um mit ihnen ebenfalls nach Mögendorf zum Grehmann-Sepp zu marschieren. Zwei seiner Häsinnen hatten vor einigen Tagen geschüttet. Das Peperl fand sogleich Gefallen an einem gescheckten Häschen mit schwarzer Nasenspitze, während das Marerl ein braunbackiges Häschen ins Herz schloss. Eine Mark verlangte der Grehmann-Sepp für beide Hasen und packte sie auch gleich in eine Stofftasche. Mutter hatte zu Hause bereits Streu im neuen Stall ausgelegt und einen Tegl mit Futter gefüllt. Als Vater die Häschen in den Stall setzte, konnte er sich vor lauter Busserln kaum retten.

Wenn schönes Wetter war, marschierten wir mit Mutter oft auf den Klausenberg, wo sich heute der neue Friedhof befindet. Auf den „Frankerl"-Wiesen holten wir uns Klee und „Milchscheck" (Löwenzahn) für unsere Hasen. Da wir sie bestens versorgten, wuchsen unsere Langohren bald zu großen Stallhasen heran. Im Herbst, einige Tage vor Kirchweih, bereiteten uns die Eltern darauf vor, dass die Tiere den Winter über zum Fischer-Sepp nach Kölbldorf müssten, da sie bei uns im Stall erfrieren könnten. Der Abschied fiel uns sichtlich schwer, und meinen Schwestern standen sogar die Tränen in den Augen. Doch Vater tröstete uns und meinte, es sei ja nur ein Abschied auf Zeit. Eines Morgens war der Stall leer!

Immer bettelten wir den Vater, unsere Hasen in Kölbldorf besuchen zu dürfen, doch Papa hatte stets eine andere Ausrede parat. Als die Mutter an Kirchweih zwei knusprig braune Braten mit Rahmsoße und Reiberknödeln servierte, griffen wir Kinder beherzt zu. Erst viel später erfuhren wir, dass es sich dabei um unsere Lieblinge gehandelt hatte.

Unter der alten Dorflinde

Zu meiner Jugendzeit stand eine alte Dorflinde neben dem Hammerhaus. Der Baum war ein weit über hundert Jahre altes Naturdenkmal mit einem mächtigen Blätterdach. In den 50er Jahren fiel die Linde der Ortssanierung zum Opfer. Dieser stolze Baum hatte vieles miterlebt: Arbeitslosigkeit, Armut, Kummer und Freude, Krankheit, Tod, kurz: das Alltagsleben von Generationen.

Die Dorflinde war ein beliebter Treffpunkt für Jung und Alt. Mein Vater und sein Bruder, der „Stöckl" Sepp Ellert, hatten in den 20er Jahren eine einfache Sitzbank um die Dorflinde gezimmert. Die Bodenwöhrer trafen sich dort und tranken ihre drei Schoppen Bier. Besonders gerne ruhten sich der „Krapplbeck" Hofmann-Wast, der „Weberrout" Wiendl-Fritz, der „Goaßerer" Wiendl-Franz und der „Bädl" Wiendl-Wilhelm unter dem Baum aus. Auch Bader Hans Beil gesellte sich mit seinem Knickerbocker-Anzug und dem Zwicker auf der Nase des Öfteren dazu. Die

Frauen mit ihren vielen Kindern fanden meist auch noch Platz auf der Bank. Manche hatten ihre Kinderwägen mit den hohen Rädern dabei, die damals in Mode waren. Die Kinderwägen waren oft doppelt besetzt. Ein Steppke lag am Kopf-, der andere am Fußende. Andere Kleinkinder spielten am Boden oder krochen in ihren „Kutterln“ zwischen den Beinen der Erwachsenen hindurch.

Die größeren Jungen und Mädchen vergnügten sich zwischen den Schuppen mit Spielen wie Räuber und Gendarm, Schussern, Wappeln, Reifentreiben und Fangerles. Die Männer rauchten ihre „Pipp“ oder Zigaretten, die wir ihnen gerne holten. In den Salem-Zigarettenschachteln steckten nämlich bunte Bilder, die wir mit großer Leidenschaft sammelten und tauschten.

Mein Bruder Franz und ich spielten gerne mit den älteren Buben Fußball. Max Beil, der „Bäubl“ Sepp Heimerl, der „Schacko“ Willi Ellert und Willi Wiendl waren allesamt schon „obichte“ Burschen. Wenn wir Durst hatten, liefen wir zu einer der gusseisernen Brunnensäulen, die der Wasserversorgung des Hammerhauses dienten. Als Mutter meinen Bruder Franz und mich einmal dort trinken sah, schimpfte sie: „Schaut's eiane roudn Köpf a! Ma trinkt koa eiskalts Wassa! D'Lungasucht weads eich holn! Trinkts löiba mei Preislbeerwassa, dös göiht genauso fian Duascht.“

Manchmal tönte von der Dorflinde herüber ein scharfer Pfiff. Dann liefen wir vom Spielfeld aus schnurstracks zum Wittmann-Max oder zum „Schiener“ Haindl-Wast. „Packt's an Krouch und holt's uns drei Pfiff Bier und a Schachtl Salem!“, wiesen uns die alten Grantler an. Mit den blauemaillierten, bauchigen Blechkrügen marschierten wir zur Brauerei Jacob. Dort zogen wir an der Glocke des Schankfensters. Bald wurde das Fenster hochgeschoben, und die alte Frau Kolb, die Mutter der Brauerei-Besitzerin, erschien. „D'Manna ham gsagt, guat eischenka!“, baten wir. Maria

Kolb füllte die Krüge prompt randvoll mit Bier. Als wir bezahlt hatten, schenkte sie uns noch eine geräucherte Leberwurst von der Metzgerei Bottenhofer aus Neunburg, die normalerweise zehn Pfennig kostete. Wir bedankten uns überschwänglich, was bei der Wirtin ein warmherziges Lächeln hervorrief.

Hinter den Holzschuppen wagten wir einen kräftigen Schluck Bier aus den Krügen, der aber eines Tages zu kräftig ausfiel. Also marschierten wir zurück und läuteten erneut an der Glocke des Schankfensters. „Gstolpat samma und ham s'Bier aasgschitt, Frau Kolb!", jammerten wir der Wirtin vor, „und äitza trau ma uns nimma zruck." Die herzensgute Frau zeigte Mitleid mit uns und schenkte am Zapfhahn erneut voll.

Als wir die Bierkrüge dem Wittmann und dem „Schiener" übergaben, kontrollierten die beiden sogleich, ob auch ordentlich eingeschenkt sei. Der Wittmann gab meinem Bruder ein Fünferl extra. Zudem ließ er ihn einen kräftigen Schluck Bier nehmen. Ich erhielt vom „Schiener" sogar ein Zehnerl und durfte ebenfalls trinken. Außerdem bekamen wir die farbigen Bilder aus den Zigarettenpackungen. Der Haindl-Wast steckte sich sogleich eine Zigarette an und machte einen tiefen Lungenzug, der mit einem mächtigen Husten einherging. Dann griff er in seine Joppe und holte eine steinerne Schnupftabakdose hervor, die offensichtlich schon Generationen von Schnupfern gute Dienste geleistet hatte. Er klopfte sie gegen die Bank, sodass sich der Schnupftabak lockerte, schüttelte dann ein braunes Häuflein auf den Handrücken und schob dieses in seine weiten Nasenflügel, aus denen widerborstige Härchen hervorspitzten.

Eine wichtige Rolle bei den Dorfgesprächen unter dem Lindenbaum spielte das Hüttenwerk, dem es damals an Aufträgen mangelte. Bedauernd meinte mein Onkel: „Bei uns hams Oabeita aasgstellt, döi ham bis zu zea Kinda dahoam. Und die Oabatslousn wean imma mea!" Währenddessen zog der

„Schiener“ seinen „Schneizhodern“ aus der Hosentasche und schnäuzte sich lautstark. Aus seiner Leiberltasche baumelten eine alte Taschenuhr und ein Rehgrandel. Mein Vater stopfte seine „Pipp“, die ein Rehkopf zierte, und der „Wig“ Ludwig Wittmann zog genüsslich an seinem Villinger Stumpen. Manchmal diskutierten die Mannsbilder auch aufgeregt über die große Politik in Deutschland. Dabei gingen die Meinungen weit auseinander. Drohten Streitereien, zeigte mein Vater auf das Dach des Hammerhauses: „Schaut's affe afs Schupfadoch. Dou sitzn schöina Kropftaubn. Erst voa a poa Tog hod da Hacht wieda oane gfanga ...“ Schon war das hitzige politische Gespräch beendet, und ein neues Thema beherrschte die Runde.

Wenn der Lindenbaum im Sommer in voller Blüte stand, duftete das ganze Viertel danach. Sobald der Herbst Einzug hielt und die Erkältungskrankheiten zunahmen, machte uns Mutter aus den getrockneten Lindenblüten ein heilendes Getränk. Der „Berm“ und der „Schiener“-Anni brachten wir Kinder Lindenblüten mit, wofür wir von ihnen meistens eine Handvoll „Guadln“ bekamen.

Vater hatte zwei Staren-Nistkästen am Lindenbaum aufgehängt, die jedes Jahr belegt waren. Die Stare zogen stets zwei Bruten darin auf. An manchen Sonntagen im Sommer, wenn unter dem Lindenbaum die Dorfbewohner gemütlich beisammensaßen, holte man auch den Schneider-Wilhelm mit seiner Zither dazu. Meist kam er zusammen mit den „Zerner“-Moidln vom Seebauer und dem „Sacker“ Dobmeier-Willi. Wir Kinder saßen dann um den Schneider-„Helm“ herum und lauschten gebannt seinem Zitherspiel oder stimmten in Lieder wie „Waldeslust“, „Mia san vom Wold dahoam“ oder „Weißt du, wie viel Sternlein stehen?“ mit ein. So klangen die Sommerabende rund um die alte Dorflinde aus. Ohne Fernsehgerät, Krimis und Spielfilme. Vielleicht habe ich den Baum deshalb noch in so wunderschöner Erinnerung.

Koks vom „Schlackahaffa“

Die Bodenwöhrer Schlackenhalde, auch „Schlackahaffa“ oder „Kokshaffa“ bezeichnet, grenzte direkt an das Bodenwöhrer Hüttenwerk an. Es war der Platz, an dem sämtliche Abfälle des Hüttenwerkes entsorgt wurden. Rechts neben der Schlackenhalde floss der Ablauf des Hammersees in den Sulzbach, links führten die Geleise der Lokalbahn Bodenwöhr–Bruck–Nittenau vorbei, die 1907 mit einem Anschluss an das Hüttenwerk Bodenwöhr verlegt worden waren. Die Haltestelle in Bodenwöhr hieß zunächst „Bodenwöhr-Ort“, später „Bodenwöhr-Hütte“. Zwischen dem Hüttenwerk und der Schlackenhalde verlief die Ortsverbindungsstraße, die von Bodenwöhr zum Sandloch Richtung Vorder- und Hinterrandsberg führte.

Wir Buben waren ständig auf der Suche nach Brauchbarem, natürlich auch auf dem „Schlackahaffa“, wo vor allem Frauen und Männer aus dem Sandtal (Sandloch) und dem Sandfeld (Sandmühle) mit Kreil und Holzwägen zugange

waren. Auf Rollwägen wurde der Abfall täglich von Arbeitern des Hüttenwerkes zur Schlackenhalde geschoben. Später stand ihnen dafür ein Benzin-Bockerl zur Verfügung. Der Abfall bestand vorwiegend aus gebrauchtem Formersand und abgebranntem Koks, der zum Anheizen der Kuppelöfen gedient hatte. Für die Leute waren die Koksbrocken billiges Brennmaterial. Zu Hause verkleinerte man sie und heizte damit den Küchenherd, wobei eine derart große Hitze entstand, dass die Ausmauerung der Öfen Risse bekam und regelmäßig ausgebessert werden musste.

Der Wiendl-Sepp, der Bauer-Toni, mein Bruder Franz und ich beobachteten schon länger, dass die Bodenwöhrer Gussabfalleisen mit Harken aus der Halde wühlten. Als wieder einmal ein voller Rollwagen des Hüttenwerkes auf dem „Schlackahaffa“ abgeladen wurde, suchten auch wir Buben barfuß im staubigen Formersand. Wir gruben so lange, bis wir einen Kübel voller Gussabfälle beisammenhatten. Auf dem Heimweg wuschen wir uns im Sulzbach den staubigen Sand von den nackten Füßen. In den folgenden Tagen tauchten wir noch ein paar Mal in unseren speckigen Lederbuxn an der Schlackenhalde auf. Schließlich zogen wir unsere Ausbeute mit dem Handwagen auf der steinigen Hauptstraße zur Eisengießerei Lercher nach Bruck.

In Mögendorf beim Esterer, einem kleinen Bauernhof, wollten wir Rast machen. Zwei kläffende Hunde begrüßten uns dort wenig freundlich. Die Esterer-Buben, der Mich und der Albert, pfiffen sie zurück, als sie uns kommen sahen. Am Brunnen löschten wir unseren Durst. Von der Bäuerin bekamen wir sogar noch eine Schale frische Milch. Dann ging es mit dem Handwagen weiter auf der alten

Die Arbeit in der Gießerei war schmutzig und schweißtreibend. Obermeister Kohl (vorne) führte dort ein strenges Regiment.

Dorfstraße am Forsterweiher vorbei, der bei Bränden die Feuerwehren mit Löschwasser versorgte. Neben dem Glöckl-Bauernhof stellten fleißige Frauen Kornmandln auf. Auf der Stromleitung saßen, wie auf eine Perlenschnur gereiht, Wildtauben, die nur auf eine Gelegenheit warteten, aus den Mandln Körner herauspicken zu können. Dann tauchte der Pflegerweiher vor uns auf. Von dort war es nur mehr ein Katzensprung zur Eisengießerei Lercher.

Das Tor der Gießerei stand weit offen. Gelber, stinkender Rauch qualmte uns entgegen. Arbeiter tauchten die noch heißen Gussteile, hauptsächlich Gullys und Roste, in einen Behälter mit Teer. Plötzlich erschreckte uns eine Stimme. Es war Georg Lercher, der einen prüfenden Blick in unseren Handwagen warf. Er schlug vor, die Gussabfälle gleich auf die Waage zu legen. Dabei jammerte er uns vor: „Dou möima owa scho wos ozöign, waal dou a vül Schlackn dabei is!" Trotzdem bekamen wir für unsere Arbeit einige Markstücke vom Lercher, der ein gutes Geschäft mit uns gemacht hatte und uns deshalb aufforderte, ruhig noch mehr Gussteile zu bringen.

Wir zogen mit unserem Wagen weiter in den Markt Bruck hinein, um uns eine Belohnung zu gönnen. Beim „Graml-Lodn" kaufte ich mir ein kleines Taschenmesser, mein Bruder und meine Kameraden bevorzugten Bleistifte, Spitzer, Radiergummis und Griffel. Danach gingen wir weiter zum Lebensmittelgeschäft Spindler. Dort suchten wir uns Süßigkeiten aus und nahmen frische Brezen und Semmeln mit, die wir gleich vor dem Laden aßen. Inzwischen hatten uns die Brucker Buben entdeckt und begannen zu sticheln: „Etz Bodenwöhrer Hungaleida, kummt's nou Bruck umma fia a Eapflkreida!"

Doch auf eine Rauferei waren wir nicht aus, und so machten wir uns aus dem Staub. Am Pflegerweiher, an dem nach dem Volksmund „Gens und Kinda schreia", hielten wir noch-

Mit Kriegsbeginn wurden im Hüttenwerk im Zentrum von Bodenwöhr Granaten für die Rüstungsindustrie hergestellt.

mals an, um einem Brucker Weiberl zuzusehen, das mit Brotresten Wildenten fütterte. In Mögendorf lockten uns einige Apfelbäume am Straßenrand. Wir warfen Holzstücke gegen die Äste und holten so die schönsten Früchte herunter, die wir samt Kernhaus an Ort und Stelle verdrückten. Als wir die Ortsgrenze von Bodenwöhr erreichten, kamen uns der Ehmann-Ludwig und der Fensterl-Mich entgegen und fingen gleich zu stänkern an: „Hat's wieda am Schlackahaffa gwen und im Dreck Eisn gsoucht, etz Hungaleida." Doch angesichts unserer Übermacht machten sich die beiden schnell wieder davon.

Als wir daheim ankamen, schimpfte Mutter zwar zunächst, weil unsere Kleidung vor Dreck nur so strotzte, doch dann stellte sie für den Franz und mich eine Schale Kaffee auf den Tisch. Mein Bruder hatte dem Peperl Minzekugeln und Schokolade mitgebracht. Von mir bekam die Schwester eine glänzende, gläserne Murmel und ein Stück Bärendreck. Als uns das Peperl vor Freude um den Hals fiel, lächelte Mutter zufrieden: „Wirkle brave Bröida host, Peperl!"

Aufregung am Waschtag

Der Kaltenbach entsprang im Bodenwöhrer Ortsteil Kaltenbrunn und floss durch das weitläufige, blühende Wiesental hinunter nach Bodenwöhr, vorbei an den Kaltenbach-Häusern, am Hammerhaus und am Konsum-Verkaufsladen, bis er neben der Brauerei Jacob in den Hammersee mündete. Da es in den 20er und 30er Jahren noch keine Kanalisation gab, wurden die Abwässer der Wohn- und Waschhäuser direkt in den Bach geleitet, der in Bodenwöhr fast zwei Meter breit und an manchen Stellen eineinhalb Meter tief war.

In den Waschhäusern wurde nicht nur Kleidung gereinigt, sondern auch geschlachtet. Dann gab es für die Bodenwöhrer Freibank-Fleisch. Der Bucherer-Toni marschierte mit seiner Glocke durch die Straßen und teilte den Bewohnern die frohe Kunde mit. Anton Bauer war der Fleischbeschauer. Unsere Nachbarn, der „Goaßerer" Franz Wiendl und der „Schmois" Fritz Wiendl, hatten Metzger gelernt und schlachteten gelegentlich für Bekannte und Freunde. Wenn sie metzgerten, durften sich die Frauen aus den Kaltenbach-Häusern im Waschhaus Wurstsuppe holen. Auch Mutter marschierte jedes Mal mit ihrer Milchkanne hin. Dabei meinte sie augenzwinkernd: „Nimm na a recht langs Messa und rühr d'Wuaschtsuppn ganz guat um, dass a poar Lebawiascht afgenga und d'Wuaschtsuppn dicka wiad!" Mit einem dicken Keiln Brot ließen wir uns die Wurstsuppe zu Mittag schmecken.

In den Fluren der Kaltenbach-Häuser hingen schwarze Tafeln, auf denen sich die Bewohner einmal in der Woche eintragen konnten, wenn sie eines der Waschhäuser benutzen wollten. Mit einer Wurzelbürste wurde auf einem alten, selbst gezimmerten Holztisch mühsam geschrubbt. Anschließend floderten die Frauen die Wäsche im Bach. Da er durch das Einleiten der Abwässer mit der Zeit verschlammte, kam einmal im Jahr ein Hüttenwerksarbeiter mit einem Zweiradkarren vorbei und reinigte das abgelassene Bachbett. Die Weißfische, die im handtiefen Wasser zappelten, hatten es uns Kindern natürlich angetan. Wir liebten es, barfuß in den Schlamm zu springen, wobei sich so mancher eine tiefe Schnittwunde zuzog, da im Bach auch allerlei Unrat entsorgt wurde.

Eines Tages kam es am Kaltenbach zu einer Rauferei zwischen dem Fensterl-Mich und dem Hofmann-Fritz. Sie stritten darüber, wessen „Bochhupferl“ am weitesten gewesen sei. Da sie sich nicht einigen konnten, schubste der Fritz den Mich mitten in die „Lättn“. „Gustichen“ Barbara Vielberth sah das unfreiwillige Schlammbad und holte sogleich den alten Hofmann zu Hilfe. Der kam mit einem Eimer Wasser und schüttete den Inhalt seinem Sohn über den Kopf, um den Dreck halbwegs hinunterzuspülen. Wir Buben stoben derweil in alle Richtungen auseinander, während uns ein wütendes Fluchen hinterherschallte.

Im Hammerhaus wohnte auch die Haindl-Anni. Es passierte einige Male, dass die „Schienerin“ beim „Schwoim“, beim Wäschewaschen, mit Kreislaufbeschwerden zusammenbrach und in den Kaltenbach stürzte. Wenn wir die Anni schreien hörten, spurteten wir sofort zum Bach, um die Frau notfalls ans rettende Ufer zu ziehen. Manchmal war sie bereits bewusstlos und hatte viel Wasser geschluckt. Im Hammerhaus wohnte zum Glück mit dem Glöckl-Hans auch ein Sanitäter. Er brachte die Frau in ihre Wohnung zurück und kümmerte sich um sie, bis wir Dr. Andreas Völkl geholt hatten. Der stellte sicher, dass sich die Anni keine Lungenentzündung im kalten Wasser geholt hatte. Zum Dank bekamen wir als Lebensretter später von der Frau Haindl stets eine Tafel Schokolade. Die Anni bezeichnete uns bei den Nachbarn oft als anständige und hilfsbereite Buben, was uns richtig stolz machte.

Der Bachlauf war auch unser „Fischrevier". Unser Einfallsreichtum kannte hier kaum Grenzen. So bastelten wir uns zum Beispiel mit einem Stock und einer Essgabel eine Harpune, mit der wir so manchen Weißfisch zur Strecke brachten.

Eines Tages – wir waren in unserer Wohnung – hörten wir Schreie, die vom Kaltenbach kamen. Mutter riss das Fenster auf und sah einen Hut im Wasser treiben, der ihr sehr bekannt vorkam, da ein Nachbar genau den gleichen besaß. Kurz darauf kam auch schon dessen Frau in die Wohnung gestürmt und bat Vater verzweifelt um Hilfe: „Mei Alta schwimmt im Kaltenbach. Helft's ma, sunst dasafta! Gwieß hoda wieda an Rausch!"

Vater stürzte sogleich aus der Tür, rannte zur Unglücksstelle, sprang ins Wasser und zog den Mann ans Ufer, während die Frau des Opfers schimpfte: „Nur Schand machst ma, Alta!" Dann schleppten beide den tropfnassen Verunglückten ins Haus. Vater war auch noch behilflich, die Zinkwanne aus dem Schuppen zu holen. „Guad, dass i no woams Wassa im Grandl ho", murmelte die Ehefrau. Inzwischen waren auch ihre Buben wach geworden. Weinend rannten die Kinder aus dem Schlafgemach, als sie ihren tropfnassen Vater liegen sahen, worauf die Frau ihren betrunkenen Mann anschrie: „Niad amal vo deine Kinda schamst de!" Dann machte sie aus getrockneten Hagebutten einen ganz heißen „Hoarwutzltee" und packte ihren vor Kälte zitternden Ehemann in die Zinkwanne.

Der Kaltenbach war auch das letzte Schicksal von so manchem Nager. In den Schuppen entlang des Wasserlaufs, in denen die Bewohner Hühner, Enten, Gänse, Ziegen und sogar Schweine hielten, tummelten sich Mäuse und Ratten. Die Leute stellten den ungebetenen Untermietern mit selbst gebauten Kastenfallen nach. Ging ein Nager hinein, wurde er umgehend im Kaltenbach ertränkt.

Bei der Gartenstraße, der Dorfstraße, die nach Mögendorf und Bruck führte, stand eine Betonbrücke, unter der sich der Kaltenbach hindurchschlängelte. Die gelben Sumpfdotterblumen am Ufer waren zur Blütezeit schon von Weitem zu sehen. Bunte Schmetterlinge und Libellen schwirrten darüber hinweg, während zur Abendstunde Frösche ein Konzert gaben.

Unter der Brücke traf ich mich im Sommer gern mit meinen Freunden. Der „Nogler" Fensterl-Mich brachte bei diesen Treffen gelegentlich auch Zigaretten mit, die er aus dem Kramerladen seiner Eltern stibitzt hatte. Während die einen beim Inhalieren des Rauches von heftigem Hustenreiz geplagt wurden, bliesen die anderen den Qualm grinsend aus der Nase. Manchmal gesellte sich auch der „Zerner" Hans Seebauer zu uns, der schon ein wenig älter war als wir. Der zog eine Tabakspfeife heraus, stopfte sie mit Krüllschnitt und zeigte uns, wie man richtig raucht.

Da die Eltern uns das Rauchen streng verboten hatten, besorgten wir uns vorher Bärendreck und Pfefferminz-„Guadln", um den Tabakgeruch zu übertünchen. Zudem gurgelten wir mit dem Wasser aus dem Kaltenbach. Da nach dem Rauchen auch unsere Kleidung nach dem Qualm roch, zündeten wir ein Feuer an und stellten uns in die Rauchfahne. Das sah eines Tages die Wiendlin. Die „Schmois" plärrte aus ihrem Garten neben den Kaltenbach-Häusern herüber: „Etz Trackn macht's a Feia, wou i grod mei Wäsch aafghängt ho!" Sie drohte uns damit, ihren Mann zu schicken, der uns mit seiner Goisl verdreschen sollte.

So weit wollten wir es nicht kommen lassen. Also striegelte der „Nogler" mit einem Haselnussstecken eine verrostete Heringsbüchse aus einer Dornenstaude hervor. Damit schöpfte er Wasser aus dem Kaltenbach und löschte so die Flammen. Zu Hause schimpfte Vater mit uns, da unsere Hosen vor Dreck fast standen. Auch Mutter war sauer,

Auf der Gartenstraße, die von Bodenwöhr nach Mögendorf und Bruck führte, waren wir oft mit unseren Fahrrädern unterwegs. Autos kamen nur selten entgegen.

trotzdem kochte sie uns eine Tasse Kaffee. Ich bat Mutter, recht viel Goaßmilch hineinzuschütten, am besten mit einer dicken Haut.

In den 70er Jahren, als der Bau der Kanalisation in Bodenwöhr begann, wurde der Kaltenbach umgeleitet und floss seitdem durch das untere Wiesental in den Sulzbach. Später wurde er vollkommen zugeschüttet. Damit verschwand auch eine Lebensader des Ortes. Als die Gartenstraße saniert wurde, brachen die Arbeiter auch jene Betonbrücke ab. Ich bin mir sicher, dass nicht nur mir beim Anblick der Bauarbeiten Bärendreck und Pfefferminz-„Guadln“ in den Sinn kamen.

Da Baaderin ihr „Henna“

Am Hammersee wohnte auch ein fröhlicher Renter. Schon am Morgen stand er vor seiner Werkstatt, einen blauen Schurz umgebunden, die Nickelbrille auf der Nase, hinterm Ohr den Bleistiftstummel: So ging er tagaus, tagein seiner Arbeit nach. Mit Hobel, Säge und anderen Schreinerwerkzeugen besserte er Boote aus. Zwischendurch nahm der Höllerl-Hans immer wieder einen kräftigen Schluck aus einem bauchigen Bierkrug.

An warmen Sommertagen fuhren wir auf Booten und Kähnen, die wir mit bunten Lampions schmückten, hinaus auf den Hammersee und feierten dort bis spät in den Abend hinein. Wir sangen, musizierten und löschten unseren Durst mit Kaltenbrunner Sprudel. Umlagert waren vor allem mein Bruder Franz mit seiner Mundharmonika, der Haas-Michl mit seiner Zither sowie der Wiendl und der Lehner-Hans, deren Repertoire an lustigen Liedern nie zu enden schien. Mit dabei waren meist auch meine ältere Schwester Babette sowie die Wiendl-Marie, die mit Begeisterung musikalische Grüße wie „Du schwarzer Zigeuner“, „Waldeslust“ und „Wellenrauschen“ über den Hammersee schickten. Unser aller Lieblingslied war jedoch das „Frauenkäferl“. Wenn die fahlgelbe Sichel des Mondes hinter den Wolken hervortrat und sich im Hammersee spiegelte, hallten unsere Lieder vom Schloßberg wider. Obwohl die Mücken abends in Scharen über uns herfielen, lichteten sich die Reihen nur langsam.

Am Seeufer, auf dem Gelände der Brauerei Jacob, stand das Kahnhaus, an dem die Jacob-Anni ihr Boot festgezurrt hatte. Einige Bodenwöhrer Burschen, darunter der „Kaiserl“ Willi Wiendl, der „Stocks“ Franz Vielberth, der „Bädl“ Willi Wiendl, der „Steinbock“ Franz Wiendl und der „Vetter“ Josef Wiendl hatten an das Kahnhaus eine Hütte mit einem Bootssteg angebaut, in der sie so manches Fest feierten. Dabei grillten sie auch frisch gefangene Fische aus dem Hammersee. Dort hatte der Jacob-Hans einen selbst gebauten Lautsprecher angebracht, aus dem den ganzen Tag Lieder wie „La Paloma“ oder „Schön ist die Liebe im Hafen“ dudelten.

Als wir wieder einmal an jener Hütte vorbeimarschierten, stellten wir fest, dass sie nicht abgeschlossen war. Neugierig schlichen wir hinein und drehten am Rundfunkgerät. In diesem Moment tauchte der „Bräu“-Hans auf. Mein Bruder Franz und Wiendl-Hans erkannten sofort den Ernst der Lage und gaben Fersengeld. Der „Goddl“ Fensterl-Bepp und ich hatten nicht so viel Glück. Uns packte der Jacob-Hans am Krawattl und warf uns in hohem Bogen in den Hammersee. Tropfnass krochen wir ans Ufer und schlichen wie geprügelte Hunde nach Hause. Als unsere Schulkameraden am nächsten Tag von unserem unfreiwilligen Bad erfuhren, lachten sie uns aus, was eine handfeste Rauferei zur Folge hatte.

Das Fischen und das Angeln gehörten für uns Bodenwöhrer Buben zu den größten Leidenschaften. Als Haken benutzten die meisten von uns eine gebogene Stecknadel, die wir an einem Sternzwirn festbanden. Als wir eines Tages an der Stelle unsere Angel auswarfen, an der der Kaltenbach in den Hammersee floss, winkte uns der Wiendl-Kare zu sich. An der Angelschnur hatte er einen Drei-Pfennig-Haken befestigt. Daran zappelte ein Wurm, den er frisch aus einem Misthaufen gezogen hatte. „Jetzt werd's schaua, wos i füa Karpfa und Schleia außahol!“, prahlte er. Noch bevor die Angelei losging, war sie auch schon zu Ende. Ein Huhn, das gerade des Weges kam, schnappte sich den Wurm und flatterte mitsamt der Angel davon.

Das Tier gehörte der Frau Baader, die gerade in ihrem Gemüsegarten werkelte. Sie hörte das Geschrei ihrer aufgeregt gackernden Henne und sah das Malheur. Kurzerhand

An lauen Sommerabenden fuhren wir zum Feiern mit Zillen hinaus auf den Hammersee. Gefeiert wurde nicht mit Alkohol, sondern mit Kaltenbrunner Sprudel der Brauerei Jacob.

schnitt sie die Angelschnur durch, an der das Huhn gefangen war. „Ätza mou i mei beste Leghenna ostecha", jammerte sie in einem fort, „oh mei, oh mei". Abends kam der alte Wiendl mit seinem Sohn zu den Baaders und beglich den Schaden, den sein Bub angerichtet hatte. Für den Kare hatte die Angelegenheit damit aber noch kein Ende. Er musste zur Strafe seinem Vater so lange Handlangerdienste leisten, bis er den Wert der Henne abgearbeitet hatte. Dabei konnte der Kare doch gar nichts dafür, dass sein Wurm nicht im Maul eines Karpfen oder einer Schleie, sondern in einem gefräßige Hühnerschnabel gelandet war.

Krebse für die Sommerfrischler

Ungemein beliebt war auch das Schwarzfischen im Sulzbach. Nur zu gern trafen wir uns beim Sandfeld oder bei der Sandmühle und warfen unsere Angelruten aus. Wenn der Sulzbach im Sommer wenig Wasser führte, waren unsere Chancen auf reichen Fischfang am größten. Das Fischwasser vom Ablauf des Hammersees bis unterhalb von Mögendorf hatte damals Obermeister Karl Kohl, der Gießerei-Meister des Hüttenwerkes, gepachtet. Dabei waren wir

Schwarzfischer dem Obermeister ein ständiger Dorn im Auge.

Eines Nachmittags stülpten mein Bruder Franz, der Bauer-Toni, der Weinfurtner-Schorsch und ich wieder einmal die Hosen hoch, um in den Sulzbach zu waten. Mit Stöcken suchten wir die Schlupflöcher der Fische am Uferrand ab. Manchmal gelang es uns, einen Karpfen oder eine Schleie mit bloßen Händen zu fangen. Nach einer Weile hatte jeder von uns einen Fang gemacht. Damit marschierten wir zum Rande des Schlackenhaufens. Dort machten wir ein Lagerfeuer, nahmen die Fische aus, spießten sie auf Stöcke und brieten sie. Der Duft der Steckerlfische lockte bisweilen auch andere Kinder an, mit denen wir unsere Beute brüderlich teilten.

Mein Bruder Franz und ich waren eines Tages gerade unterwegs zu den Wiendl-Buben, als uns an der Gastwirtschaft Schießl der Wirt aufhielt. Peter Schießl stand im Metzgerschurz vor der Haustür und signalisierte uns mit einem schrillen Pfiff, zu ihm zu kommen. Ob wir Flusskrebse für seine Sommergäste aus dem hohen Norden fangen könnten, wollte er wissen. Dafür, so lockte er, bekämen wir auch jede Menge Wurstzipfel. Der Franz und ich hielten das für ein durchaus annehmbares Angebot. Allerdings wollten wir die Wiendl-Buben, die direkt am Hammersee wohnten, mit ins Boot holen. Die beiden Kameraden waren bereit mitzumachen, wenn wir sie am Gewinn beteiligen würden, was für uns eine Selbstverständlichkeit war.

Im Holzschuppen suchten und fanden sie einen Metallreifen, der von einem Holzfass stammte. Den bespannten wir mit einem alten Netz und befestigten daran eine Holzstange. Mit dem Kahn vom Wiendl-Franz, dem älteren der beiden Brüder, fuhren wir am Ufer des Hammersees entlang und ließen das Netz, in das wir als Köder Schlachtabfälle gelegt hatten, in die Tiefe gleiten.

Als wir nach einer Stunde das Netz hochholten, zappelten fünfzehn prächtige Krebse mit langen Scheren darin. Die kleineren Exemplare warfen wir in den See zurück. Die großen Tiere hingegen legten wir in einen Kübel und brachten sie flugs zum Schießl-Wirt. Der musterte die Tiere und zeigte sich sehr angetan von unserem Fang. Lächelnd marschierte er in die Metzgerei und brachte jedem eine Tüte mit Wurstzipfeln. Der Schießl fragte uns, ob wir zufrieden seien, und wir bedankten uns kopfnickend mit einem artigen „Vergelt's Gott!". Daraufhin schnitt uns der Metzger noch einige dicke Scheiben Wurst herunter, die wir gerecht untereinander aufteilten. Dafür mussten wir ihm versprechen, bei Bedarf nochmals auf Krebsfang zu gehen. Als wir unseren Lohn zu Hause auf den Küchentisch legten, gab es strahlende Gesichter. Zu hungern brauchte heute niemand.

Wenn wir unsere Schulkameradin Kathi Wiendl am Hammersee besuchten, halfen wir ihr oft, nach „Froschmaltern", nach Muscheln, die im Schlamm des Ufers steckten, zu suchen. Wir stülpten dann unsere Hosen hoch und holten mit einem breiten Rechen die Schalentiere aus dem See. Im Kessel des Waschhauses kochte die Wiendlin die Muscheln so lange, bis sie ihre Schalen öffneten. Mit dem Inhalt fütterte sie ihre Enten.

Eines Tages wurde die Ablassvorrichtung des Hammersees geschlossen, um den Ablauf zu reinigen, wobei schnell der „Grind" zum Vorschein kam. Im seichten Wasser zappelten Fische über Fische. Als ich eine prächtige Eitel sah, sprang ich voller Übermut ins Wasser, geradewegs auf eine zerbrochene Bierflasche. Die Wiendlin hörte mich schreien und zog mich sogleich aus der „Lättn". Sie wickelte mir ein Handtuch um die stark blutende Wunde und holte Dr. Völkl, der mich ärztlich versorgte. Tagelang konnte ich nicht zur Schule gehen, was freilich für meine Eltern viel schlimmer war als für mich.

Badeplatz „Auf der Heide“

Der Badeplatz „Auf der Heide“, am 15. Juni 1928 vom Verschönerungsverein Bodenwöhr errichtet, war für uns Kinder im Sommer wie ein zweites Zuhause. Fast jeden Tag, wenn wir von der Schule nach Hause kamen, zu Mittag gegessen und die Hausaufgaben gemacht hatten, marschierten wir zum Hammersee. Das Schwimmen lernten wir dort ganz allein. Manch einer wurde einfach aus Gaudi vom Sprungbrett ins Wasser gestoßen und musste sich irgendwie ans Ufer retten. So erging es auch meinem Bruder Franz. Er platschte aufs Wasser, fand keinen Boden unter den Füßen, tauchte unter, schluckte Wasser, schrie verzweifelt um Hilfe und tauchte wieder unter, bis wir ihn ans rettende Ufer zogen. „Äitz hobe n'Bauch volla Wassa“, meinte er hustend, „und dös, wou alle ins Wassa piesln, pfui Deifl.“

Die älteren Buben trauten sich weitaus mehr zu. Der „Hankerl“ Lohr-Kare zeigte vom Sprungbrett Saltos am laufenden Band, andere sprangen kopfüber ins Wasser. Manch einer landete dabei unfreiwillig auf dem Bauch. Wenn uns die Abenteuerlust überkam, schwammen wir zum Badeplatz der Damen hinüber, schlichen hinter deren Badehütte und spähten durch ein Astloch in die Holzkabine. Als uns die Fanny eines Tages dabei entdeckte, kreischte sie derart laut, dass wir Buben sofort die Flucht ergriffen. Auch im Wasser hörte das Necken und Foppen nicht auf. Erst als die Fanny, nachdem wir sie unzählige Male unter Wasser getaucht hatten, zu husten und zu schluchzen begann, gaben wir Ruhe. Der Badetag hatte jedoch ein Nachspiel. Am nächsten Schultag rief uns Pfarrer Lucas zu sich. Mit erhobenem Zeigefinger beschuldigte er uns, die Schulkameradin unsittlich belästigt und anschließend beinahe ertränkt zu haben. Wir armen Sünder blickten drein wie Unschuldslämmlein, während der Herr Pfarrer seine Standpauke hielt. Vor allem schwebte der Vorwurf über uns, das sechste Gebot verletzt und damit eine schwere Sünde begangen zu haben. Unsere Unkeuschheit müssten wir im Beichtstuhl auf das Innigste bereuen, forderte der Pfarrer. Die weltliche Strafe folgte schon im Klassenzimmer. Der Tatzenstock sauste sechs Mal auf unsere Hände nieder. Als wir zu unseren Bänken zurückkehrten, bedachten uns die Mitschüler mit schadenfrohen Blicken. Die Fanny erzählte jenes Vorkommnis auf dem Badeplatz zu allem Überfluss auch noch unseren Eltern. Zur Strafe durften wir wochenlang nicht mehr zum Hammersee. Dies schmerzte hundert Mal mehr als die „Tatzen“ von Pfarrer Lucas.

Ferienstreich am Kaltenbach

Fast jeden Tag trafen wir uns während der Schulferien bei den Kaltenbach-Häusern: der „Verscherer“ Sepp Wiendl, der „Goaßerer“ Hans Wiendl, Schorsch Weinfurtner, der „Kuppl“ Josef Heimerl, mein Bruder Franz, der „Negus“ Willi Glöckl und ich. Wie so oft lümmelten wir uns auf eine Holzbank und beobachteten das Treiben auf der Straße. Da kam meine Mutter aus dem Haus. Sie hatte einen Wickelschurz umgebunden und holte Gemüse fürs Mittagessen. Auf Mutters Geheiß holte ich ihr die Gießkanne aus Zinkblech aus dem Schuppen, füllte sie mit frischem Wasser aus dem Kaltenbach, der nebenan vorbeifloss, und goss damit die jungen Salatpflanzen.

Das brachte meine Freunde auf einen verhängnisvollen Gedanken. Kaum war Mutter wieder im Haus verschwunden, beschlossen sie: „Äitza hol ma uns as eiam Goatn Gelwe Roum!“ Schon trampelten sie wie eine Elefantenherde durch die Beete. Selbst mein aufgeregtes Schreien konnte sie von ihrem Vorhaben nicht abbringen. Zum Glück sprang mir mein Freund Willi beiseite und bereitete dem wilden Treiben ein schnelles Ende. Er packte den Wiendl-Sepp und den Weinfurtner-Schorsch beim Krawattl

Im Waschhaus der Kaltenbach-Häuser schlachtete der „Goaßerer“ (links) für die Arbeiterfamilien. Besonders begehrt war beim Metzgern die Wurstsuppe.

und schleifte sie unsanft aus dem Gemüsegarten. Die Gelben Rüben, die sie schon ausgerissen hatten, wuschen wir im Kaltenbach und verputzten sie genüsslich zusammen.

Unser Gemüsegarten wurde jedes Jahr mit Ziegenmist und der Jauche aus der Odelgrube unterm Plumpsklo gedüngt und war dadurch sehr ertragreich. Jeder Mieter des Hammerhauses hatte Anspruch auf solch ein Pflanzstückl. Wenn sich Nachtfröste ankündigten, deckte Mutter noch spätabends die empfindlichen Pflanzen zu. Manchmal kam es auch zu Streitereien, wenn Hühner oder Gänse Schaden angerichtet hatten oder wieder einmal ein Ball auf den zarten Pflänzchen gelandet war. Im Herbst rankten sich in einigen der Hammerhaus-Gemüsegärten auch Stangenbohnen in die Höhe. Dort hielten sich gerne große, grasgrüne Laubheuschrecken auf, die an lauen Sommerabenden kostenlos ein Konzert gaben, das aber nicht immer erfreute. Wenn die Gemüsegärten mit dem Spaten umgestochen wurden, wimmelte es nur so von Würmern, die sich die Angler fürs Anködern auf Schleien und Karpfen holten. So zufrieden die Bewohner der Kaltenbach-Häuser mit ihren Gemüsegärten auch waren, so groß war bisweilen der Verdruss, wenn der „Scher“, der Maulwurf, die Beete unterhöhlte oder sich Wühlmäuse an den Wurzeln des Gemüses zu schaffen machten. Mein Vater war ein Experte auf dem Gebiet des „Scher“-Fanges und holte zahlreiche Wühler mit selbst gebauten Fallen aus den verzweigten Gängen.

Eines Tages kam der Ehmann mit einer Wagenladung voll weißer Rüben an den Gärten vorbei. Er lenkte das Kuh-Gespann ziemlich nah an den Kaltenbach, nahm eine fünfzackige Mistgabel und beförderte die Rüben damit ins Wasser, um sie vom Sand zu befreien. Während die weißen, saftigen Rüben auf dem Wasser trieben, marschierte der Ehmann zu seinem Anwesen gegenüber, um seinen Sohn „Luck“ zu holen. Das war die Gelegenheit! Wir rannten zum Kaltenbach und fischten in dieser Zeit die schönsten Rüben heraus, was der Ludwig jedoch längst bemerkt hatte. Er packte die Goisl seines Vaters und drosch damit auf uns ein, bis rote Striemen unsere Waden zierten. Zum Glück griff in diesem Augenblick der „Negus“ ein. Er packte den Ludwig, stemmte ihn hoch und warf ihn kopfüber in den Kaltenbach. Unter unserem schallenden Gelächter kroch der „Luck“ ans Ufer, tropfnass und völlig verdreckt. Außerdem blutete er am Fuß, da er offensichtlich auf eine Glasscherbe getreten war. Der Ludwig schüttelte sich und humpelte fluchend zurück ins elterliche Anwesen. Kurz darauf kam sein Vater herausgestürmt, wutentbrannt und mit knallrotem Gesicht. Nach dem Motto „Rette sich, wer kann!“ sausten wir davon und verschanzten uns hinter den Kaltenbach-Häusern. Der Ehmann fischte seine Goisl aus dem Kaltenbach, nahm die Mistgabel, schaufelte damit die Rüben wieder auf den Wagen und setzte das Gespann schimpfend in Bewegung. Der Wiendl-Sepp war bereits verschwunden, ebenso der Weinfurtner-Schorsch. Wir Übrigen atmeten auf.

Als der Ehmann, über dessen Oberlippe ein riesiger Schnauzbart thronte, die Rüben eingebracht und die Kühe versorgt hatte, machte er sich schnurstracks auf den Weg zu unseren Eltern, wobei er zunächst ins Hammerhaus zur Familie Glöckl marschierte. Die Glöcklin versuchte, das Unheil noch abzuwenden, und wies den Ehmann darauf hin, dass der Willi schon zu Bett gegangen sei. Doch der Ehmann roch den Braten und riss die Schlafkammertür auf. Willis Bett war leer! Dann könne, so wiegelte Willis Mutter ab, ihr Sohn nur auf dem Plumpsklo sein. Prompt wollte der Ehmann auch dort nachsehen. Doch schon auf halbem Wege, in einer dunklen Ecke des Flurs, entdeckte er den „Negus“. Der Ehmann packte den Willi mit seinen kräftigen Händen an den Ohrwascheln und zog derart fest daran, dass der Bub vor Schmerz aufschrie. Nun reichte es der Glöcklin. Sie griff nach einem Schürhaken und befahl damit dem Ehmann, ihren Sohn augenblicklich loszulassen. Für eine gerechte Strafe könne sie schon selber sorgen.

Mit hochrotem Kopf marschierte der Ehmann daraufhin in die Wohnung meiner Eltern. „Wou san döi Hundskrippl?“, schrie er meinen Vater an und prangerte mit harschen Worten die „Misshandlung“ seines Sohnes an, wobei er freilich maßlos übertrieb. Den Einwand meines Vaters, dass jetzt noch die Striemen der Goisl auf unseren Waden zu sehen seien, wischte der Ehmann barsch beiseite. Stattdessen wollte er uns eine Watschn verpassen. Doch Mutter stellte sich dazwischen. Der Ehmann ballte die Fäuste und brüllte: „S’ nächste Mal schmeiß i deine Boum ins Wasser und dasafs alle zwoa!“ Als das Peperl daraufhin vor Angst zu weinen anfing, verwies Vater den Ehmann aus unserer Wohnung. Der warf die Tür derart grob hinter sich zu, dass die Kleidung vom Türhaken fiel, worauf Vater dem Ehmann hinterherrief: „So schnell siegst du mi nimma in deim Kramerlon!" Bei den Familien Weinfurtner und Wiendl spielte sich dasselbe Theater ab.

Ganz ohne Strafe kamen wir Buben jedoch nicht davon. Der Franz und ich bekamen drei Tage strengen Hausarrest. Schon am folgenden Morgen mussten wir Mutter helfen, den Ziegenstall auszumisten. Während unsere rehbraunen Ziegen ins Freie durften, schaufelten wir im Stall den fetten Mist auf eine Karre. Unsere Ziegen schauten uns dabei meckernd zu. Mit der hölzernen Schubkarre brachten wir den Mist zu einem freien Platz beim Schlossweg, wo mindestens zwanzig Bodenwöhrer Tierhalter ebenfalls ihren Mist ablagerten.

Tags darauf mussten wir das trockene Holz in den Schuppen bringen und die frisch gehackten Holzscheite im Freien zum Trocknen aufschichten. Am dritten Tag kamen unsere Spezln, der Wiendl-Hans und der Bauer-Toni, vorbei und lockten: „Spült's aa mit Fußball?" Doch Mutter winkte ab: „Erst, wenns Holz aafg'schlicht is, kinnt's göih!" Kurz darauf trafen auch der „Hebl" Schorsch Dobmeier und der Beil-Max ein. Zusammen war der Holzstoß schnell aufgeschichtet. Mutter zeigte sich nun gnädig: „Haut's ab, etz Faalenzer!" Nach drei Tagen Strafarbeit sah schließlich auch Vater ein: „Unsane Boum han doch niat de schlechtestn!"

Königlich-bayerisches Forstamt

Für 2,50 Reichsmark konnte man sich im königlichen Forstamt Bodenwöhr einen Holzlöseschein besorgen, der die Erlaubnis beinhaltete, im Staatsforst Abfallholz sammeln zu dürfen. Leute, die keinen Handwagen hatten, schleppten das Holz in der Kirm nach Hause. Dabei besaßen die Ärmsten oft nicht einmal einen Trageriemen, stattdessen hatten sie sich einen Strick um Bauch und Schultern gebunden. In den Wäldern rund um Bodenwöhr waren auch viele ältere Leute beim Holzsammeln anzutreffen. Mit ihrer vollen Kirm auf dem Rücken lehnten sie sich immer wieder erschöpft gegen Bäume, um neue Kraft zu sammeln.

Da eine Axt teuer war, pflegte Vater unsere sehr sorgfältig. Stets legte er sie nach dem Gebrauch in einen Wassereimer, damit das Holz des Stiels nicht schrumpfte. Ähnlich verfuhr Vater mit dem Handwagen, wenn er längere Zeit nicht benutzt wurde. Er zog ihn dann in den Kaltenbach, damit die Holzspeichen nicht locker und spröde wurden. Wir Kinder durften, wenn wir mit Vater in den Wald zogen, oft auf dem Karren mitfahren. Damit uns die Mücken im Wald nicht zu sehr plagten, rieb uns Mutter zuvor mit Essig ein. Auf dieses Hausmittel gegen Staunsen, Schnaken und Mücken schwörte sie.

Gebannt sahen wir zu, wie die Männer im Wald mit dem „Oostheigl", einem sichelähnlichen eisernen Haken, der an einer langen Stange befestigt war, dürre Äste von Stämmen rissen, meistens von Nadelbäumen. Es gab regelrechte Spezialisten auf diesem Gebiet, darunter der „Stöckl" Josef Ellert, der „Goaßerer" Hans Wiendl und der „Roser" Max Ellert. Der Hautmann-Hansi und mein Vater hatten die längsten Stangen, mit denen sie auch an hohe Äste herankamen. Wir Kinder suchten blitzschnell das Weite, wenn wieder einmal ein dürres Holz herunterkrachte. Natürlich passierte es immer wieder, dass ein „Oostheigl" zerbrach. Dann ging es ins Hüttenwerk, wo der „Sachsen-Wast" Wastl Kraupner während der Mittagspause ein neues Teil schmiedete.

Mutter machte jedes Mal ein Kreuzzeichen, wenn wir mit dem voll beladenen Handwagen unversehrt nach Hause kamen. Auf uns „Waldler" wartete dann schon eine schmackhafte Brotzeit, meist in Form einer dicken Scheibe weißen und roten Presssacks. Dann fehlten nur noch drei

Schoppen Bier zur Glückseligkeit unseres Vaters, die ich flugs beim Jacob-Bräu holte.

Im Sommer, wenn wir schulfrei hatten, zogen wir des Öfteren mit Mutter in den Wald, um trockenes Abfallholz zu holen. Wir luden die aufgeschichteten Haufen gerade auf den Handwagen, als meine Schwester Marie einen spitzen Schrei ausstieß. Der gefürchtete Forstmeister Heinrich Hermann war im Anmarsch! Er stand im Ruf, jeden noch so geringen Holzfrevel mit einer Strafanzeige zu ahnden. Sein Gewehr hatte er umgehängt, das Fernglas baumelte vor seiner Brust, und neben ihm trottete sein Dackel einher. Schroff fragte er uns nach dem Holzlöseschein. Während ihn Mutter aufgeregt aus der Schurztasche kramte, schaute sich der Förster den zerlegten Baum an und erklärte mit strenger Amtsmiene: „Der ist ja noch halb grün, hat noch keine roten Nadeln und ist folglich nicht dürr!“ Daraufhin zückte er seinen Notizblock, worauf Mutter zu jammern begann und den Förster minutenlang bekniete, doch Nachsicht walten zu lassen. Vergeblich! Als auch wir Kinder zu weinen anfingen, geschah das Unfassbare. Der Förster steckte sein Notizbuch wieder ein, nahm den Dackel an die Leine und verschwand im Wald. Wir Buben packten die Deichsel des Handwagens und zogen, während Mutter und das Peperl schoben. Unser Weg führte uns zunächst zum Bahnwärterhäuschen „Bahnposten 9“, wo Johann Baptist Groß von 1931 bis 1960 als Schrankenwärter arbeitete. Seine Frau Maria kurbelte gerade aus dem Ziehbrunnen einen Eimer Wasser hoch. Als sie uns erblickte, bat sie uns, doch eine Rast einzulegen. Die beiden Frauen kannten sich schon lange vom Schwarzbeer- und Preiselbeerbrocken. Nun kam auch ihr Mann aus dem Haus und setzte sich zu uns auf die knorrige Hausbank, während Schäferhund „Benno“ uns sogleich beschnupperte. Mit einem scharfen Pfiff schickte der Schrankenwärter den „Benno“ in die Hundehütte, wo er sich beleidigt verkroch. Frau Groß kam in diesem Moment mit einem großen Teller Rohrnudeln aus dem

Am „Bahnposten 9" hielt Johann Baptist Groß von 1931 bis 1960 als Schrankenwärter die Stellung.

Haus. Da wir Kinder einen Bärenhunger hatten, griffen wir beherzt zu. Später führte uns Herr Groß ins Haus, um uns sein Aquarium mit vielen bunten, exotischen Fischen zu zeigen, die er mit Wasserflöhen aus den umliegenden Weihern fütterte.

Plötzlich schellte eine Glocke. Ein Zug kündigte sich an. Der Bahnwärter setzte seine Dienstmütze auf, eilte mit uns nach draußen und kurbelte die Bahnschranke herunter. Es dauerte nicht lange, da donnerte, von Schwandorf kommend, ein langer Güterzug heran. Die Lokomotive stieß eine dicke, schwarze Rauchfahne aus und fauchte wie ein drachenartiges Ungetüm. Funken stoben links und rechts vom Bahndamm. Das Peperl verkroch sich weinend hinter der Mama. Kaum war der Spuk vorbei, kurbelte Herr Groß die Schranken wieder hoch und gab den Bahnübergang frei.

Als sich am Himmel dunkle Wolken zeigten, drängte Mutter zum Aufbruch. Wir bedankten uns mit einem lauten

„Vergelt's Gott!" für die guten Rohrnudeln und zogen los. Zunächst überquerten wir den Bahnübergang und marschierten weiter heimwärts Richtung Weichselbrunner Brücke. Mein Bruder Franz und ich hatten Mühe, auf dem sandigen und steinigen Weg den Handwagen voranzubringen. Zum Glück kam uns auf halber Strecke Vater entgegen, der früher als sonst Feierabend gemacht hatte. Er setzte das Peperl, das vor Freude strahlte, auf den Holzwagen und übernahm die Deichsel von uns Buben.

Auf der Weichselbrunner Brücke stand der Häring-Franz mit seiner Angel. Er hatte unseren knarrenden Wagen schon von Weitem gehört und meinte spöttisch, ein bisschen Wagenschmiere könne dem alten Ding bestimmt nicht schaden. Bald darauf erreichten wir die ersten Häuser des Ortsteiles „Auf der Heide". Vor der Gartentür eines der „Hoi"-Häuser stand die Wittmannin und bewunderte unser „schöins Fattl Holz". Für Vater war die Begegnung eine willkommene Gelegenheit durchzuschnaufen.

Mutter wollte der Wittmannin von unserer Begegnung mit dem Forstmeister erzählen, doch die fiel ihr sogleich ins Wort. Einen richtigen Zorn habe sie auf den Forstmeister, diesen „Sauhund", meinte sie. Erst vor kurzem habe er sie wegen eines angeblichen Holzfrevels angezeigt und sie so um ihre letzten Ersparnisse gebracht. Seitdem lebe sie von gedörrten Schwammerln und Erdäpfln. Ihr Mann, der im Schuppen die Stallhasen gefüttert hatte, drohte gar, den „elenden Halsabschneider" in den Hammersee zu werfen und zu ersäufen, falls sich in nächster Zeit ihre Wege kreuzen sollten.

Da es anfing zu tröpfeln, war es höchste Zeit, das Holz in den trockenen Schuppen zu bringen. Voller Stolz betrachtete Vater dort den nach Harz duftenden Stoß. „Ja, sogoa a schöins Stickl Köi is dabei!", meinte er anerkennend.

Ausflug zum Kutscherberg

Als Vater einige Tage Urlaub vom Hüttenwerk bekam, schlug er uns Kindern vor, gemeinsam einen schönen Ausflug zum Kutscherberg zu machen. Mutter stattete uns dafür mit einem Zegerer aus, in dem sich leckere Brote mit selbst gemachter Marmelade, drei Flaschen Springerl und eine Handvoll „Guadln" befanden. Vater setzte seinen Hut mit den Auerhahn-Federn auf und griff nach seinem Spazierstock mit dem Hirschhorngriff. Mutter drückte dem Peperl noch schnell einen Kuss auf die Wange, dann marschierten wir fünf Geschwister mit unserem Vater los. Zunächst gingen wir am Hammersee entlang in Richtung Weiherdamm. Dort überquerten wir die erste Brücke, die über den „Grind", den unteren Ablauf des Hammersees, führte. Daneben standen der Schutzheilige Nepomuk und eine uralte Linde. Die Dorfstraße am Weiherdamm Richtung Blechhammer bildete eine prächtige Allee, eingerahmt von Hammersee und Hüttenwerk.

Bald darauf überquerten wir erneut eine Brücke, die über den zweiten Ablauf des Hammersees führte, dessen Wasser unter der Gussputzerei hindurch in den Sulzbach floss. Nach einer Rechtskurve schlängelte sich der Gangsteig zum Kutscherberg hoch. Daneben befand sich das Kellerhaus mit den großen Scheunen, Kellern und Gemüsegärten, das 1843 erbaut worden war. 1972 wurde es dem Erdboden gleichgemacht. Zum Kellerhaus gehörte ein Waschhaus für die Mieter. Davor befand sich eine Ständerpumpe, hergestellt im Hüttenwerk Bodenwöhr. Der Brunnen, aus dem das Wasser hochgepumpt wurde, diente der Trink- und Brauchwasserversorgung des Kellerhauses und des Häusls am Kutscherberg. Das Gebäude auf der Anhöhe, 1757 erbaut und ebenfalls 1972 abgerissen, war ursprünglich errichtet worden, um den Ausbruch von Feuersbrünsten schneller zu entdecken.

Vom Kutscherberg aus fällt der Blick auf den Turm der Pfarrkirche, den Schornstein des Hüttenwerkes und die Windhaube der Brauerei Jacob.

Der „Brem“ Andreas Wiendl pumpte gerade zwei Eimer mit Wasser voll, als wir am Brunnen vorbeikamen. Er musste das kostbare Nass mit einem Tragegestell auf den Schultern rund zweihundertfünfzig Meter den steilen und steinigen Weg zum Kutscherberg hinaufschleppen. Wir überquerten die Geleise der Lokalbahn Bodenwöhr–Bruck–Nittenau und gingen ihm voraus. Vor dem Kutscherberg-Häusl hängte Frau Wiendl Wäsche auf. Während wir freundlich grüßten, zeigte uns der kläffende Mischlingshund seine Zähne. „Schau, dass'd in d'Hüttn kummst, du Hundskrüppl!“, befahl das Frauchen energisch. Der Hund gab klein bei und verzog sich knurrend.

Die Wiendlin bot uns einen Platz auf der wackligen Hausbank an und drückte uns Kindern ein paar „Guadln“ in die Hand, die sie aus ihrer Schürze holte. Inzwischen war auch der „Brem“ aufgetaucht. Er stellte das Tragegestell mit den Wassereimern vor dem Haus ab, während seine Frau einen Stuhl holte. Derweil kramte ihr Mann seine „Pipp“ aus der Jackentasche und stopfte sie ordentlich mit Krüllschnitt.

Wegen einer Kriegsverletzung, die er sich im Ersten Weltkrieg in Frankreich zugezogen hatte, war der „Brem“ frühzeitig in Rente gegangen. Die Wiendlleut’ hielten sich am Kutscherberg zwei Ziegen und mehrere Hühner und kamen damit recht gut über die Runden. Nur der Habicht, der oben auf der großen Eiche lauerte, machte dem „Brem“ Sorgen, da er regelmäßig seine Hühnerschar verkleinerte. Als wir so dasaßen, ertönte der Ruf eines Eichelhähers. Kurze Zeit später holte sich der „Nussgackl“ auch schon drei bis vier Eicheln von einem Baum, um sie im Waldboden zu verstecken. Manchmal, so erzählte der „Brem“ meinem Vater, krame er seinen Zimmerstutzen aus der Truhe und hole damit einen Eichelhäher vom Baum. „Dös gibt a goude Nudlsuppn!“

Der „Brem“ war sehr zufrieden mit seinem Leben inmitten der Natur. Schwierigkeiten bereitete ihm lediglich die Wasserversorgung. Täglich müsse er die schweren Wasserkübel vom Kellerhaus heraufschleppen. Zum Glück sei sein Sohn Kare, der als Former im Hüttenwerk arbeite, ein kräftiger Bursche und helfe ihm, wenn Not am Mann sei. Hart sei das

Im Gasthof Jacob stiegen auch die Direktoren und Aufsichtsräte der Bayerischen Berg-, Hütten- und Salzwerke AG aus München ab, wenn sie das Hüttenwerk besuchten.

Leben am Kutscherberg im Winter, wenn der Böhmische Wind ums Haus pfeife und wütend an Türen und Fenstern rüttle. Das Brennholz für den Ofen, meist dürres Geäst, stamme vom Hammerhölzl. Der Birner-Franz, ein Bauer aus Randsberg, bringe es ihm zum Glück mit seinem Rossgespann hoch, erzählte der Wiendl-Andreas.

Vater fielen in diesem Augenblick die vielen Hagebuttenstauden rund um das Kutscherberghäusl ins Auge. Er bat uns, viele Früchte zu sammeln, damit Mutter aus den „Hoarwutzln" eine gesunde Marmelade und heilenden Tee machen könne. Der „Brem" zog mit seinem Heiglstecken die stacheligen Äste heran, damit wir Kinder die blutroten Früchte leichter abpflücken konnten. Trotzdem riss sich das Marerl einen Dorn in den Daumen, den Frau Wiendl mit einem Sperl aber gleich herausholte.

Als wir auf einem Hügel unsere Brotzeit hervorholten, setzte sich die Wiendl-Tochter Rettl dazu. Sie packte ihre Schiefertafel aus und bat meine Schwester Babette, die in der gleichen Klasse war, doch ihre Hausaufgaben zu kontrollieren. Das Peperl beschäftigte sich derweil mit Grashüpfern, Grillen und Schmetterlingen. Während wir aßen, schnitzte Vater aus dem weichen Holz eines Holunderbusches ein Pfeiferl für jedes Kind, während uns Frau Wiendl mit einem Teller Zwetschgenkuchen überraschte. Hungrig, wie wir waren, ließen wir uns nicht lange bitten und griffen beherzt zu.

In diesem Moment hörten wir das Pfeifen einer Lokomotive. Vater erklärte uns, das sei das „Bockerl", das von Nittenau her käme. Der Zug hatte zahlreiche Wagen in Nittenau und Bruck angehängt und schnaufte angesichts der schweren Last. Er transportierte gelben Sand aus den Gruben von Peter Birner und dem „Stoiner-Girg" Georg Kraus aus Randsberg sowie Erzeugnisse vom Hüttenwerk Bodenwöhr. Durch die Steigung wurde das „Bockerl" immer langsamer. Bald drehten die Räder unter der schweren Last durch. Funken sprühten. „Helft ma, helft ma!“ Diesen Hilferuf glaubten die Bodenwöhrer diesem Geräusch zu entnehmen. Der Lokführer ließ den Zug daraufhin zurücklaufen und steuerte dann mit Volldampf, begleitet von dem Geräusch „Geht scho, geht scho!“ die Haltestelle „Bodenwöhr-Hütte“ und anschließend den Bahnhof „Bodenwöhr-Blechhammer“ an.

Vom Kutscherberg aus hatten wir eine herrliche Aussicht. Unser Blick schweifte über die Dächer des Kellerhauses und der Stadel über den spiegelglatten, acht Kilometer langen Hammersee. Einige Zillen waren darauf zu sehen. Am Ufer reckte sich der Schlossberg mit seinem dichten Mischwald in die Höhe. Dazwischen war die 1927 erbaute Schutzhütte zu erkennen. Auf der anderen Seite des Gewässers fiel unser Blick auf die Gastwirtschaft und Brauerei Friedrich Jacob mit ihrem weithin sichtbaren Brauereikamin, auf dem sich eine Blechhaube mit einem Windrichtungsanzeiger drehte. An die Brauerei schmiegte sich der Eis-Aufzug. Im Winter versorgte sich die Brauerei Jacob stets mit Eis vom Hammersee. Dabei wurden großflächige Platten von der Eisfläche herausgebrochen, zerkleinert und mit Spitzhacken, die an langen Stangen befestigt waren, in die Bretterrutschen geschoben, die zum Aufzug führten, der sie in den Eiskeller beförderte. An den Eisaufzug der Brauerei Jacob schloss sich der Brausaal an.

Von der „Alten Heide“ aus führte die Dorfstraße über den Friedhof, der 1878 errichtet wurde, weiter nach Taxöldern. In jener Zeit der Armut und der Not gab es viele Sterbefälle. An einem Grab standen beim Gräbergang an Allerheiligen nicht selten bis zu zehn Leute, was bei der stattlichen Kinderzahl kein Wunder war. Schon die Kleinsten waren dabei und versprengten Weihwasser aus dem Flascherl. Nach der Gräbersegnung durch den Pfarrer begrüßten sich die Verwandten und Bekannten und hielten Plausch, denn Neuigkeiten hatten sich das Jahr über reichlich angesammelt.

Ein Leichnam wurde zu jener Zeit noch drei Tage in der Wohnung aufgebahrt, wobei die Angehörigen Tag und Nacht vor dem Sterbebett für das Seelenheil des Verstorbenen beteten. Als der Gottesacker 1927 vergrößert wurde, baute man auch an das Leichenhaus an. Von da an wurden die Verstorbenen gleich in die Leichenhalle gebracht.

Gegenüber dem Gottesacker erhob sich der Klausenberg, auf dem nicht nur Kartoffeln, Rüben und Getreide wuchsen, sondern auf dem wir auch Fußball spielten. Um alles genau sehen zu können, reichte uns Vater ein Fernglas, das er als Soldat im Ersten Weltkrieg bekommen hatte. Schließlich erzählte uns Vater noch Geschichten aus dem Hüttenwerk, dessen rauchende Kamine hoch in den Himmel ragten. Bevor wir aufbrachen, wartete die Frau Wiendl nochmals mit einer Überraschung auf. Sie hatte unseren Zegerer mit Birnen, Zwetschgen und Eiern gefüllt. Meine Schwester Babette rief angesichts dieser Geschenke der Wiendl-Tochter Rettl noch zu: „Du deafst fei in da Schul ruhig wieda oschaua vo mia!“

Erdäpfel und Rübengeister

Das Hüttenwerk besaß viel Grund und Boden. Deshalb konnten die Arbeiter Felder pachten, auf denen sie vor allem „Eapfln“ anbauten. Unser Kartoffelfeld lag „Auf der Klause“. Dort pflanzten wir einundzwanzig Bifing mit den Knollen an. Es war eine mühevolle Arbeit, die rund achtzehn Zentner Kartoffeln zu ernten. Nach dem Mittagessen zog Mutter mit uns Kindern, beladen mit Säcken und Körben, hinaus aufs Feld. Während der Pausen gab es ein Haferl Malzkaffee und bestrichene Brote. Mit dem „Eapflkreil“ wurden die Früchte ausgegraben, in die vorbereiteten Furchen geschoben, in Körben gesammelt und schließlich in Säcke gefüllt. Nach der Schicht im Hüttenwerk kam Vater gleich aufs Feld, um die schweren Säcke auf den Holzwagen zu heben und sie damit heimzutransportieren. Noch am selben Abend brachten wir die Kartoffeln in den Keller und lagerten sie ein.

Die „Eapfl" waren unsere Hauptnahrung. Mutter machte oft eine „Eapflsuppn" mit gebräunten Zwiebeln, aber auch als Dotsch, Sterz, gebratene Scheiben mit Äpfeln, Schmarrn und in anderer Form tischte sie die Knollen auf. Auch „Eapflknödln" mit Braten gab es, wobei Braten nicht für alle zutreffend war, denn das Fleisch bekam der Vater. Uns Kindern blieben nur Knödel und Soße.

Sobald Ende September die Äcker abgeerntet waren, stieg der Rauch der Kartoffelfeuer in den Abendhimmel, und der Geruch des verbrannten Krauts kroch in unsere Nasen. Wir Kinder warfen Erdäpfel ins Feuer und warteten geduldig, bis sie gar waren. Schwarzkrustig schmeckten sie einfach köstlich, auch wenn wir nach dem Verzehr eine etwas andere Gesichtsfarbe hatten. Manche Hüttenwerksangehörige bauten auch Getreide an, vor allem Hafer, Korn und Weizen. Im Schloßstadel stand eine Dreschmaschine, die mit einem breiten Antriebsriemen ausgestattet war. Sie musste jedes Mal vor der Inbetriebnahme mit einer Lötlampe angewärmt werden. Der Staub und der Lärm, den diese Dreschmaschine machte, wenn sie in Betrieb war, waren unbeschreiblich.

Wenn der Herbst sein buntes Kleid angezogen hatte, schlichen wir Lausbuben bei Anbruch der Dämmerung hinaus auf die Felder, um Runkeln zu stibitzen, wobei es uns besonders die Rüben vom Eichinger angetan hatten. Dabei wussten wir genau, dass die Kaltenbrunner Bauern längst ein Auge auf uns hatten. Der Ellmann-Wilfried, der stets mit von der Partie war, riss immer zwei Runkeln mehr als wir aus, weil er Futter für seine Stallhasen brauchte. Zu Hause höhlten wir die Rüben mit dem Messer aus, schnitten Augen, Nase und Mund hinein, platzierten sie auf Gartensäulen und stellten brennende Kerzen darunter. Bei Dunkelheit flößten die schrecklichen Lichterfratzen richtig

Angst ein. Vom „Schupfa-Eck" aus behielten wir die „Gespenster" im Auge und amüsierten uns köstlich, wenn wieder einmal ein Angstschrei durch die Nacht hallte. Der „Schleifer" Mich Vielberth schimpfte jedes Mal wie ein Rohrspatz, wenn er unsere Lichterköpfe sah, und drosch sie mit seinem Heiglstecken von den Gartensäulen. „Äts elendign Sauhund, nix im Kopf wöi d'Leit daschrecka!", schimpfte er. Der „Zweckl" Josef Vielberth, der ihn meist begleitete, lachte lauthals und machte den Mich darauf aufmerksam, dass sie als junge Burschen doch genau dieselben Lauser gewesen seien. Wenn der „Schleifer" und der „Zweckl" am nächsten Abend die Stelle wieder passierten, thronten bereits neue „Runkelroumköpf" auf den Gartensäulen, und das Schauspiel begann von Neuem. So sah also Halloween in den Jahren zwischen den Weltkriegen aus. Nur schade, dass wir vom Spruch „Süßes oder Saures" noch nichts wussten. Die leicht verdienten „Guadln" hätten wir Lausbuben uns nicht entgehen lassen.

Vorsicht bissiges Eichkatzl

Im Herbst herrschte in den Wäldern wahrlich kein Mangel an Haselnüssen. Mit dem Möhle-Willi und dem Wiendl-Sepp, die beide im Sandtal wohnten, marschierte ich die Ortsstraße hoch zum Birkenberg, wo reihenweise hohe Brennnesseln, dichte Hagebuttensträucher und Schlehen den Weg säumten. Mit erhobenen Händen bahnten wir uns den Weg durch diese Wildnis. Unter unseren Füßen krachten von Drosseln leer gefressene Schneckenhäuser.

Es dauerte eine ganze Weile, bis wir uns zu den Haselnusssträuchern durchgekämpft hatten. Wir zogen die Äste herab und holten uns die reifen Früchte. Viele Nüsse, die überreif waren, lagen schon auf dem Boden und waren von Würmern angefressen. Bei unserer Ernte schreckten wir ein Eichhörnchen auf. Für den Seppl war das eine willkommene Abwechslung. Grinsend forderte er uns auf: „Kummt's, dös fang ma! Mei Hosnstohl is sowieso laar!" Mit großen Augen blickte das drollige Tier von einem hohen Ast auf uns herab. Als wir gemeinsam mit aller Kraft am Haselnussstrauch schüttelten, purzelte das Eichkatzl tatsächlich herunter, mitten ins hohe Gras. Der Willi warf sogleich seine Jacke drüber und jubelte: „Äitza howes!" Als der Seppl unter die Jacke griff und es packen wollte, schrie er plötzlich erbärmlich auf. Das verzweifelte Tier hatte ihn gebissen und ließ nicht locker. Der Willi zog daraufhin seine Jacke weg, worauf das Eichhörnchen sofort seine Chance nutzte und sich mit einem beherzten Sprung ins Gestrüpp rettete. Die Hand meines Freundes war übersät mit Kratzern. Am Daumen sowie am Zeigefinger seiner Rechten klafften offene Bisswunden. Auf Willis Jacke waren deutlich Blutspuren zu sehen. Ans Nüssesammeln war da nicht mehr zu denken.

Als wir vor dem Haus meines Freundes Wiendl-Sepp ankamen, hängte seine Mutter gerade Wäsche auf. Erschrocken schlug sie die Hände vors Gesicht, als sie die blutige Hand ihres Sohnes sah. Herr Wiendl beschimpfte uns als „Hundskrüppel", denn er machte uns für die Verletzung mitverantwortlich. Er drohte gar damit, den Hund auf uns zu hetzen, wenn wir nicht schleunigst verschwänden. Deshalb machten wir uns lieber auf den Rückzug. Erst am nächsten Tag erfuhren wir vom Seppl, dass ihn seine Eltern noch am Tag des Bisses in die Praxis von Dr. Völkl in der Gartenstraße gebracht hatten. Der Arzt hatte die Wunde gereinigt und dem Seppl eine Tetanusspritze verpasst.

Oberlehrer Hörmann begutachtete durch seinen Zwicker den Verband ganz genau und schimpfte: „Dös habt's vo engana Lumparei!" Auch Pfarrer Lucas bekam während der Religionsstunde von der Geschichte mit dem Eichhörnchen Wind. Er spähte über seine goldene Brille auf Seppls verbundene Hand und mahnte mit erhobenem Zeigefinger:

„Quäle nie ein Tier im Scherz, denn es fühlt wie du den Schmerz. So steht es geschrieben, ihr Tierquäler!" Dabei redete er sich richtig in Zorn und sprach von sechs Tatzen, die der Übeltäter verdient habe. Doch zum Glück siegte die Güte unseres Herrn Pfarrer. Auch die Klassenkameraden frotzelten den Seppl: „Radlfoan konna niad, und kackeln konna a niad aloa ..." Da es ausgerechnet die rechte Hand erwischt hatte, konnte der Seppl tagelang weder mit dem Griffel noch mit der Feder schreiben, was ihm hier und da neidvolle Blicke einbrachte. Tja, wer zuletzt lacht, lacht bekanntlich am besten!

Beim Mögendorfer Holzschuhmacher

An einem Samstagmorgen forderte Vater meinen Bruder Franz und mich auf, mit zum Holzschuhmacher Wolf Dauerer nach Mögendorf zu kommen, da wir dringend neue Holzschuhe bräuchten. Mit zwei Holzprügeln und dem Oberleder der alten Schuhe unterm Arm marschierten wir auf der staubigen Landstraße Richtung Bruck los. Ein Auto begegnete uns auf diesem Weg selten, ein Motorrad ab und zu, des Öfteren holperten hingegen Pferde- oder Ochsengespanne an uns vorbei. Bis Mögendorf, einem Ort mit kleinen und mittleren Bauernhöfen, der zur Gemeinde und Pfarrei Bruck gehörte, waren es rund zwei Kilometer.

Der Holzschuhmacher wohnte auf einem Grundstück mit einem verwilderten Garten. Als uns der Dauerer-Wolf sah, kam er uns gleich entgegen. Er trug einen alten, verwitterten Hut mit einer Raubvogelfeder und stützte sich beim Gehen auf einen „Heiglstecken". Mit ihm kam auch der „Lumpi", ein kläffender Mischlingshund, angesaust. Mein Bruder Franz sprang beim Anblick des heranstürzenden Vierbeiners sofort hinter einen Baum. Mit einem scharfen Pfiff kommandierte der Dauerer das Tier zurück.

Wir begleiteten den Holzschuhmacher ins Haus und setzten uns auf eine wackelige Bank. Mein Vater erklärte dem Dauerer, dass er möglichst bald zwei neue Paar Holzschuhe für seine Söhne brauche. Da Vater zu seiner guten Kundschaft gehörte, versprach ihm der Dauerer, sich so schnell wie möglich an die Arbeit zu machen. Fünfzig Pfennig Arbeitslohn verlangte er für ein Paar. Dann zeigte er uns fertige Schuhe, die in einem Regal zur Abholung standen. Dabei jammerte er unentwegt über die viele Arbeit. Zehn Reisigbesen müsse er auch noch binden ... Dann griff er in seine abgewetzte Joppentasche, holte eine uralte Schnupftabakkrugel heraus, klopfte die Dose an die Schnitzbank, um den Inhalt zu lockern, und setzte Vater eine ordentliche Pris' auf den Handrücken. Danach ließ er eine gehäufte Portion in seinen eigenen breiten Nasenlöchern verschwinden. Kurz darauf zog der Dauerer seinen „Schneizhodern" heraus und schnäuzte derart kräftig und laut, dass ich fürchtete, mein Trommelfell würde gleich platzen.

Während sich der Wolf und mein Vater über die täglichen Geschehnisse unterhielten, fragte mein Bruder: „Herr Dauerer, deaf ma a poar Zwetschgn zamglaabn, damit d'Mama an guadn Zwetschgnkoucha macha ko?" Der Dauerer hatte nichts dagegen. So streunten wir eine Zeitlang im verwilderten Garten herum. Nicht weit vom Haus stand ein windschiefes Aborthäuschen. In die Bretterwand war innen ein großer Nagel geschlagen, an dem alte Zeitungen „fürs große Geschäft" hingen. An der Tür befand sich ein Holzriegel zum Absperren. Hinter dem Häuschen erstreckte sich ein Meer von Brennnesseln. An die baufällige Scheunenwand schmiegte sich ein selbst gezimmerter Stall, in dem graue und schwarz-weiß-gefleckte Stallhasen saßen. Wir sammelten Löwenzahnblätter und hielten sie durch das engmaschige Gitter. Die niedlichen Langhoren nahmen unsere Gabe dankbar an. Auf dem Dach der Scheune gurrten blaufahle Kropftauben. Im hohen Gras schlich eine junge, getigerte Katze an uns vorbei. In diesem

Moment fiel unser Blick auf den Zwetschgenbaum. Als guter Kletterer saß mein Bruder im Nu hoch oben im Geäst. Ich reichte ihm einen alten Blechkübel, den ich neben dem Hasenstall gefunden hatte. Während der Franz die reifen Früchte vom Baum pflückte, ging ich ins Wohnhaus zurück und bat den Dauerer, da ich durstig war, um Wasser. Er schenkte mir sogar ein Haferl voll frischer Goaßmilch ein, das ich in einem Zug leerte. Plötzlich waren Hilferufe zu hören. Mein Bruder traute sich nicht mehr vom Baum herunter, denn unten wetzte, auf die Hinterbeine gestützt, der „Lumpi" am Stamm, knurrte und fletschte seine Zähne.

Der Dauerer konnte sich ein Grinsen nicht verkneifen. Es folgte ein scharfer Pfiff, schon wich der Mischlingshund mit eingezogenem Schwanz ins Haus zurück, wo er sich unter der Ofenbank verkroch. Da entdeckte der Holzschuhmacher einen abgebrochenen Ast. Für ihn war klar, dass nur mein Bruder seinen schönen Zwetschgenbaum verschandelt haben konnte. Entsprechend schimpfte und grantelte er vor sich hin. Schuldbewusst schlich sich der Franz in die Wohnung und setzte sich auf einen Holzklotz. Dabei zeigte sich, dass er sich beim Herunterklettern vom Baum am Knie verletzt hatte. Die blutende Schürfwunde ließ den alten Grantler nicht kalt, und so schenkte er dem Franz ebenfalls ein Haferl Ziegenmilch ein.

Langsam wurde es Zeit aufzubrechen. Vater griff in seine Joppentasche, nahm zwei Villinger Stumpen aus seinem Kalier und zündete beide an, wobei er eine dem Wolf reichte: „Dou kröigst an guadn Gschmoch eina!" Der Dauerer nahm einen tiefen Zug, griff nach einer Stofftasche, die an einem Nagel an der Wand hing, und sagte: „Äitz gemma in Goatn. Dou kinnt's eich no a poar Äpfl und Birn mitnemma!" Vater freute sich: „Dou ko d'Muada wieda guade Apflmaaltaschn und an guadn Zwetschgnkoucha macha!" Wir bedankten uns beim Dauerer artig mit einem lauten

„Gelt's Gott!", der wiederum mit einem „Seng's Gott!" antwortete. Aus der Ferne hörten wir den Dauerer noch „Kummt's goud ham!" rufen, dann war das Anwesen aus unseren Blicken entschwunden. Der Weg führte uns zunächst am Forster-Hof vorbei, wo Frauen mit Kopftüchern und Männer mit Strohhüten auf den Getreidefeldern Kornmandln aufstellten, damit das Korn schneller trocknete. Das Stroh wurde später zum Einstreuen oder zum Verfüttern verwendet, während die Körner zur Mehlverarbeitung in die Mühle kamen.

Auf dem weiteren Heimweg trafen wir noch den „Schnapp" Sepp Probst. Wir erzählten ihm, dass wir vom Holzschuhmacher kämen. Daraufhin winkte er uns zu sich in den Garten und schenkte jedem vier Äpfel, die wir sogleich samt „Butzn", dem Kernhaus, aßen. Meinem Vater zeigte der „Schnapp", welches Blutbad Iltis und Wiesel in seinem Hühnerstall angerichtet hatten. Sogar vor den Hasen seien die Räuber nicht zurückgeschreckt. Zwar habe er versucht, Fallen aufzustellen, aber die seien zu gefährlich, meinte der Probst, zumal sich auch schon Katzen darin gefangen hätten.

Als wir endlich unser Zuhause erreichten, erwartete uns Mutter schon vor der Gartentür. Sie hatte sich Sorgen gemacht, weil wir so lange unterwegs gewesen waren. Vater reichte ihr die Stofftasche mit den Zwetschgen, die wir aus Mögendorf mitgebracht hatten. „Dou werd e moagn glei an Zwetschgndatschi macha!", meinte Mutter erfreut. Meiner Schwester Babette trug sie auf: „Du holst äitza beim Dannböck-Metzga an schwoarzn Presssog, und fian Voda bringst drei Pfiff Bier mit!" Ja, so ein Einkaufstag war auch früher schon für Männer eine stressige Angelegenheit, auch wenn es sich „nur" um Holzschuhe aus Mögendorf handelte.

Schlittengaudi am Klausenberg

Wieder einmal zog ein schneereicher Winter ins Land, und das Thermometer sank auf achtzehn Grad minus. Mein Bruder Franz hauchte so lange an eine Fensterscheibe, bis sich die Eisblumen auflösten und ein Guckloch den Blick auf die Natur freigab. Schnee rieselte in feinen Flocken vom Himmel. Die Gartensäulen waren bereits mit einer hohen, weißen Haube bedeckt. Vater glaubte, in der kalten Nacht sogar das Eis des Hammersees krachen gehört zu haben.

Ich saß mit meinen Geschwistern am Frühstückstisch und brockte Brot in die Tasse mit Goaßmilch, bis der Löffel darin stand. Mutter flocht dem Marerl und der Babette noch die Haare, während wir Buben unsere Mützen mit den großen Trollen aufsetzten. Bevor wir Richtung Schule loszogen, tippten wir noch schnell in den Weihwasserkessel neben der Tür und bekreuzigten uns. Inzwischen hatte Vater zwei Schlitten aus dem Schuppen geholt und mit Schmirgelpapier den Rost von den Kufen entfernt. Damit wir die Schlitten besser ziehen konnten, befestigte er vorne dran noch Stricke.

Während des Unterrichts blickte ich oft minutenlang sehnsuchtsvoll aus dem Klassenzimmer. Die Zeiger der Wanduhr über dem Katheder, welche die Größe eines Wagenrads hatte, bewegten sich nur schleppend. Als endlich die Glocke ertönte, stürmten wir wie die Wilden aus dem Schulhaus. Am Nachmittag zogen wir mit unseren Schlitten hinauf zum Klausenberg. Dort war der Start für die längste Rodelbahn Bodenwöhrs, die vom Klausenberg bis hinunter zum Hüttenwerk reichte.

Beim Gipfelkreuz hatten sich bereits zahlreiche Kinder eingefunden, darunter die Schießl-Leni, die Ellert-Anna, die Wittmann-Marie, der Glöckl-Willi, der Heimerl-Jos und

Die längste Rodelbahn Bodenwöhrs begann am Klausenberg und endete vor den Pförtnerhäuschen am Haupteingang des Hüttenwerks.

der Meier-Franz. Sie hatten ihre Schlitten zu einem „Transporter“ zusammengehängt und fuhren so mit Karacho den Berg hinab. Ungefähr auf der Hälfte der Strecke standen die Schuppen des Hammerhauses, dahinter befand sich die Rückwand vom Nebengebäude des GEG-Konsum.

Schlittenfahrer, die die Kontrolle über ihr Gefährt verloren, prallten des Öfteren gegen diese Mauer und holten sich blutige Nasen oder dicke Beulen. Auch so mancher Schlitten ging zu Bruch. Wer durchkam, rauschte am Kriegerdenkmal vorbei über die Ortsstraße zur Weihersiedlung Richtung Blechhammer. Zum Glück befuhren damals nur wenige Autos die Straße. Den Pferde- und Ochsengespannen wussten wir geschickt auszuweichen, zumal die Glocken am Zuggeschirr schon von Weitem zu hören waren.

Unsere Rodelbahn schlängelte sich links am Prinzregentenstein vorbei, der umgeben war von mächtigen Kastanien und Linden. Diese Bäume fielen später einer Vergrößerung der Bürogebäude des Hüttenwerkes zum Opfer. Der Stein selbst wurde in den alten Friedhof von Bodenwöhr versetzt. Die Abfahrt endete vor dem Haupttor des Hüttenwerkes. Links und rechts davon befanden sich die „Portierheisln", neben denen ein dicker, alter Eichenbaum thronte.

Auch auf der Anhöhe „Dudlhoi" beim Birkenwäldchen, das heute noch steht, gab es eine lange Schlittenbahn. Sie führte über die Ortsstraße nach Taxöldern rechts vorbei am Enhuberhaus und endete auf dem Hammersee, der jeden Winter zugefroren war. Diese Strecke wurde vor allem von jenen Kindern genutzt, die im Viertel „Auf der Heide" wohnten. Dazu gehörten der Enhuber-Karl, der Lohr-Max, der Lohr-Karl, der Ellert-Karl, der Vielberth-Willi, der Wittmann-Franz sowie die Gebrüder Josef, Willi und Christ Wittmann.

Als ich von der „Dudlhoi" aus wieder einmal nach unten sauste, bemerkte ich am Hammersee eine große Menschenansammlung. Natürlich wollte ich sofort den Grund dafür wissen. Es hieß, der „Vetter" Sepp Wiendl sei am Ufer des Hammersees mit dem Schlitten an einen Baumstumpf geprallt und habe sich den Fuß gebrochen. Auf jeden Fall wurde er notärztlich versorgt und ins Krankenhaus nach Neunburg vorm Wald gebracht.

Wenn wir vom Schlittenfahren durchgefroren nach Hause kamen, lagen bereits in Tücher gewickelte Ziegeltaschen in der Ofenröhre. Bevor wir Kinder zu Bett gingen, legte Mutter die warmen Biberschwänze ans Fußende unserer Strohsäcke. Schließlich gab sie uns noch einen Spritzer Weihwasser und deckte uns bis zum Hals zu. Wir Kinder beteten danach wie jeden Abend das Vaterunser und zum gnadenreichen Jesu-Kindlein, bevor wir erschöpft einschliefen. Natürlich führte manch einer unserer Träume postwendend nochmals zurück zum Schlittenhang.

Lehrzeit im Hüttenwerk

Das Hüttenwerk war lange Zeit Brotgeber für Bodenwöhr und die Region. Generationen von Familien lebten vom Hüttenwerk. Die Arbeiter kamen auch mit dem Zug aus Kröblitz und Neunburg vorm Wald oder mit dem Fahrrad aus Schöngras, Kölbldorf, Schwand, Nittenau oder Bodenstein. Die Direktoren des Hüttenwerkes waren strenge Vorgesetzte, ebenso die Meister und Vorarbeiter. Schon früh wurde im Akkord gearbeitet, auch in der Putzerei. Wer mit dem Sandstrahlgebläse umging, hatte stets ein Tuch vor den Mund gebunden. Doch kaum einer, der dort länger arbeitete, wurde älter als sechzig Jahre. Der Grund war, wie die Ärzte später feststellten, gesundheitsschädlicher Quarzsand, der sich in der Lunge ablagerte. Nachdem die Erkrankungen stark zunahmen, kamen Helme mit Sauerstoffzufuhr zum Einsatz.

Wer eine ordentliche Schulbildung vorzuweisen hatte, bekam die Möglichkeit, zum Facharbeiter aufzusteigen: zum Former, Elektriker, Schlosser, Zimmerer oder Schreiner. Eine Aufnahmeprüfung war allerdings dafür Voraussetzung. Andere mussten sich als Hilfsarbeiter verdingen. Die Arbeiter, die Hilfsdienste im Werk verrichteten, bekamen am wenigsten Lohn, während die Facharbeiter mit teuren Spezialmaschinen umgehen durften. So war es Aufgabe der Hilfsarbeiter, nachts den Guss auszuleeren und mit Holzkarren in die Putzerei zu befördern, wo die Gussteile abgeblasen wurden.

Ich war vierzehn Jahre alt, als ich mit Vater im Bodenwöhrer Hüttenwerk bei Herrn Ingenieur Kellner vorstellig wurde, der damals für Einstellungen zuständig war. Vater erzählte ihm, dass schon der Urgroßvater und der Großvater im Hüttenwerk gearbeitet hätten, bevor er untertänigst fragte: „Herr Ingenieur, könnte denn auch mein Bub hier eine Lehre anfangen?“ Der Ingenieur ließ sich erweichen. Nach einer erfolgreichen Aufnahmeprüfung trat ich in der Mechanischen Werkstätte meine Lehrstelle an, wo mir Michael Hauck ein strenger, gerechter und fachkundiger Lehrmeister war. Auch andere Schulkameraden kamen im Hüttenwerk unter. Der „Steinbock“ Hans Wiendl und der Meier-Franz fingen in der Formerei an, der „Zweckl“ Josef Vielberth wurde Schreiner, der „Verscherer“ Josef Wiendl und der „Negus“ Willi Glöckl bekamen eine Lehrstelle als Emaillierer. Der „Hankerl“ Karl Lohr durfte Elektriker werden.

Am 6. August 1934 um 6 Uhr früh begann meine Lehrzeit. In Begleitung meines Vaters, der dort als Schlosser arbeitete, marschierte ich in die Mechanische Werkstätte, wo mich Herr Hauck freundschaftlich mit Handschlag empfing. Er zeigte mir sogleich meinen künftigen Arbeitsplatz. Ich war ziemlich aufgeregt und staunte über die mächtigen Drehbänke, Bohr-, Hobel- und Fräsmaschinen, die mit breiten Treibriemen an der Decke befestigt waren und durch Transmissionen angetrieben wurden. Als Lehrbub erhielt ich neun Pfennig Lohn in der Stunde. Die Lehrzeit war hart, und es ging streng zu in der Hütte, doch es gab nicht nur Tadel, sondern auch Lob, wenn ich meine Arbeit gut gemacht hatte. Arbeitsbeginn im Hüttenwerk war um 6.30 Uhr, zwischendrin gab es am Vormittag eine Viertelstunde Brotzeitpause sowie um 12 Uhr eine Stunde Mittagspause, dann lief der Betrieb ohne Unterbrechung bis 17.30 Uhr weiter. Eine Stempeluhr überwachte, ob wir pünktlich waren. Wer die Brotzeit auch nur fünf Minuten überzog, dem wurde gleich eine halbe Stunde Arbeitszeit vom Lohn abgezogen. Kam ein Arbeiter öfter zu spät, musste er unweigerlich mit seiner Entlassung rechnen.

Wir Schlosserlehrlinge mussten nach Plan Werkstücke schleifen, hobeln und die Stücke passgenau messen und zusammensetzen, was nicht immer auf Anhieb gelang. Doch Vater war, wie viele andere Bodenwöhrer auch, froh einen seiner Buben im Hüttenwerk untergebracht zu haben. Zu

Hause hatte er oft mit mir gebastelt, wodurch ich handwerkliches Geschick erworben hatte, das mir nun zugutekam.

Eine meiner Lieblingsbeschäftigungen als Lehrling war das Brotzeitholen, denn in den Metzgereien Schießl, Dannböck, Baumgärtner oder Gigl bekamen wir Lehrlinge stets einige Wurstzipfel obendrauf, die uns für den nächsten Einkauf locken sollten. Dabei dauerte die Pause am Vormittag nur eine Viertelstunde. Als Lehrling aß ich meine Brotzeit immer auf dem Rückweg. Später hätte ich keine Zeit mehr dafür gehabt. Meistens mussten wir ein Stück Streichwurst für fünfzehn Pfennig, eine dicke Scheibe Presssack für zehn Pfennig oder auch Lyoner oder Krakauer für die Gesellen und den Meister holen.

Die Brauerei und Gastwirtschaft Jacob war weithin bekannt für ihre geräucherten Zehn-Pfennig-Leberwürste, die sie von der Neunburger Metzgerei Bottenhofer bezog. Abends warteten meine jüngeren Geschwister schon gespannt, ob ich ihnen wieder Wurstreste mitbringen würde. Als Lehrbub musste ich in der Vormittagspause auch Bier holen. Bevor wir das Werksgelände verließen, legten wir unsere Holzschuhe ins „Holztragerl“ und rannten barfuß zur Gastwirtschaft Jacob, wo die Flasche Bier sechsunddreißig Pfennig kostete. Weitaus einfacher kamen wir an Zigaretten

heran. In der Putzerei des Hüttenwerkes arbeitete nämlich die Decker-Maria aus Erzhäuser, die Zigaretten der Marke „Zuban“ verkaufte, vier Stück für zehn Pfennig.

Während meiner Lehrzeit fuhr ich meistens mit meinem alten, klapprigen Fahrrad zum Hüttenwerk. Entdeckte ich einen besseren Lenker oder ein weniger ramponiertes Schutzblech, baute ich mein Fahrrad kurzerhand damit um. Die Radmäntel waren damals derart schlecht, dass wir aus alten Fahrradmänteln Stücke herausschnitten und unsere Reifen stellenweise damit doppelten.

Als Schlosserlehrling im Hüttenwerk arbeitete ich unter Anleitung auch an Drehbänken, an denen Pumpen hergestellt wurden. Diese galt es zu fräsen, wobei Gewinde in die Kolben geschnitten wurden. Auch das Prüfen von Dampftöpfen, bevor sie in die Endmontage kamen, gehörte zu meinen Aufgaben. Am gefährlichsten war jedoch die Arbeit an den Drehbänken, in die Pumpenzylinder eingespannt wurden. Dort drehte sich eine Welle, an der sich wiederum ein Messer befand, welches die Form ausfräste. Hier kam es immer wieder zu Unfällen, die meist schlimme Folgen hatten. Während meiner Lehrlingszeit erlebte ich mit, wie in der Putzerei ein Vorarbeiter einen Treibriemen auf die laufende Transmission legen wollte, ohne diese abzuschalten. Dabei blieb er an einer Welle hängen, die ihn regelrecht zerfetzte.

Obwohl Dreck und Staub zum Hüttenwerk gehörten, kamen wir, dank der Badeanstalt des Unternehmens, stets sauber nach Hause. Auch Angehörige der Arbeiter konnten sich dort brausen oder für fünfzig Pfennig ein Vollbad nehmen, wobei der Samstag stets den Frauen vorbehalten war.

Meister Michael Hauck, Obermeister Karl Kohl und Diplom-Ingenieur Müller (Mitte, von links) prüften die Lehrstücke der Gesellen. Mit dem Gesellenjahrgang 1930 zeigten sie sich zufrieden.

Die Badewannen, die in der Emaillierhütte „gepudert" wurden, gingen auch ins Ausland. In den Bodenwöhrer Wohnungen gab es selten Wannen.

In vielen Haushalten Bodenwöhrs gab es damals noch kein Bad. Wir hatten wie viele andere Familien auch im Schuppen eine Zinkwanne stehen, die wir bei Bedarf ins Haus schleppten. Im Sommer dagegen marschierten wir zum Hammersee, seiften uns am Ufer von Kopf bis Fuß ein und sprangen so ins Wasser. Nach der Schließung des Hüttenwerks wurde auch die Badeanstalt abgerissen, trotz erheblicher Bedenken des Denkmalschutzes.

Nach der Lehre arbeitete ich als Geselle im Hüttenwerk weiter, bis 1940 meine Einberufung zur Wehrmacht erfolgte. Mit Kriegsbeginn wurde das Hüttenwerk zum Rüstungsbetrieb, in dem auch Granaten hergestellt wurden. Die zur Wehrmacht eingezogenen deutschen Arbeiter ersetzte man durch gefangene Russen und Franzosen. Während sich die Franzosen weitgehend frei bewegen konnten, so erfuhr ich von meinem Vater, standen die Russen unter sehr strenger Bewachung.

Die braune Gefahr geht um

Adolf Hitler wurde am 30. Januar 1933 zum Reichskanzler gewählt und damit Führer des deutschen Volkes. Tag und Nacht liefen über die Volksempfänger Aufrufe wie „Deutschland erwache!", stets begleitet von zackiger Marschmusik. Am Gartenzaun der Gemeindeverwaltung hing eine große, schwarze Tafel, die mit Plakaten der verschiedensten politischen Richtungen beklebt war, wobei die der NSDAP besonders hervorstachen. Sogar der altehrwürdige Lindenbaum blieb nicht verschont und musste als politischer Werbeträger herhalten.

In Bodenwöhr wurde aufgeregt über die politische Situation in Deutschland diskutiert. Der alte „Baumeister" Otto Hautmann strich sich nachdenklich über seinen Schnurrbart, während er sich mit meinem Vater unterhielt. Vater hatte seinen Bruder Max im Ersten Weltkrieg verloren und konnte einem bevorstehenden neuen Krieg genauso wenig abgewinnen wie der Otto. Später gesellte sich auch der „Schiener" Haindl-Sebastian dazu und mahnte: „Halt's eier Maal, sunst werd's abgholt und varrammt. Aus Dachau kummt koana mea hoam!"

Insbesondere die Männer der Sturmabteilung (SA) der nationalsozialistischen Partei mit ihrem Braunhemd, der Hakenkreuzbinde, dem Koppel, dem Schulterriemen und den langen, braunen Schaftstiefeln erregten Aufmerksamkeit, wenn sie mit ihrem Fähnrich an der Spitze und der riesigen Hakenkreuzfahne über die staubige Hauptstraße marschierten und das Horst-Wessel-Lied schmetterten. Aus immer mehr Bodenwöhrer Fenstern und Dachluken hingen bald Hakenkreuzfahnen oder Papierfähnchen mit dem Hakenkreuzsymbol. Einwohner winkten der Marschkolonne zu, wobei vor allem die Begeisterung der Jugendlichen ständig zunahm.

Indes rollte eine Welle der Unterstützung durch das Land. Für kinderreiche Familien gab es auf einmal Darlehen zum Bau von Siedlungshäusern. Die Heiratswilligen erhielten tausend Reichsmark Ehestandsdarlehen. Die Volkswohlfahrt und das Winterhilfswerk sammelten für die Bedürftigen. Auch kostenlose Schulspeisungen gab es nun. Kinderreiche Familien hatten sich zuletzt hauptsächlich von selbst angebauten Kartoffeln und Schwammerlgerichten ernährt, denn die Not war über die Jahre spürbar gewachsen, und immer weniger Menschen waren in Arbeit und Brot. Hitler kam seinem Ziel rasch näher: Immer mehr Menschen folgten seinem Ruf. Wir Kinder und Jugendlichen bewunderten die schmucken Uniformen der Hitlerjugend, zeigten auf die Pimpfe des Deutschen Jungvolkes in ihren adretten Braunhemden oder schauten den im Bund Deutscher Mädel organisierten Bodenwöhrer Mädchen hinterher. Außerdem wurden Musikgruppen zusammengestellt mit Trommlern, Querflöten- und Fanfaren-Spielern. Mein Bruder lernte Querflöte und wurde gleich in den Musikzug aufgenommen. Die Jugendlichen waren aufgerufen, an Turnerfesten, Sportfesten oder Reichsberufswettkämpfen teilzunehmen. Wir jungen Burschen konnten uns diesem Bann kaum entziehen, wenngleich Vater

Bei einem Kurs der Firma Pfaff lernten junge Frauen und Mädchen im Saal der Brauerei Jacob das Schneidern und den Umgang mit der Nähmaschine.

stets warnte: „Macht's ma bloß den Schmarrn niad mit!" Oft waren wir mit den NS-Spendenbüchsen unterwegs, um für das Winterhilfswerk zu betteln, während die Pimpfe Abfalleisen sammelten. Die Mädchen absolvierten ein Pflichtjahr beim Land- oder Gesundheitsdienst, leisteten Säuglingsdienste und lernten kochen, waschen, stricken und nähen. Auch Mutter schickte Babette und das Marerl hin, weil sie meinte: „Schodn dout's af koan Fall!" In jener Zeit begann man auch, die Straße von Schwandorf nach Bruck zu bauen. Die Arbeiten fanden aber, weil der Krieg dazwischenkam, bei Mögendorf ein abruptes Ende.

Auf der Rückseite der Sammelbilder aus der Zigaretten-Fabrik GmbH Dresden von Hugo Zietz prangten nun Sprüche wie „Kampf um das Dritte Reich", auf der Vorderseite lockten farbige Motive aus Sport, Film, Militär oder Partei. Die Bilder waren somit ein wertvolles Propaganda-Instrument der Nationalsozialisten, um uns Jugendliche zu

Bei den organisierten Ausflügen des Wander- und Turnvereins wurde nicht nur gesungen, sondern auch eifrig angebandelt.

gewinnen und zu beeinflussen. Sogar Raufereien gab es um die schönsten Motive. Wir sammelten und tauschten die Bilder mit Begeisterung und klebten sie schließlich in ein Album, das eine Reichsmark kostete. Jeder von uns gierte danach, den Rauchern Zigaretten holen zu dürfen. Der Haindl, ein starker Qualmer, rief uns oft zu sich: „Dou host zwanzg Pfennig und an Zwoaring. Hol ma sechs Salem-Zigarettn. Dafür kröigst aa s'Büldl!"

Auf dem Kutscherberg wurde alljährlich ein großes Johannisfeuer entzündet, dabei wurden schmissige Lieder gesungen wie „Flamme empor". Mutige Buben und Männer sprangen über die hoch lodernden Flammen, so auch mein Bruder. Schon roch es nach Verbranntem. Das Feuer hatte ihm die Hose angesengt. Tags darauf prangte ein großer Flicken auf seinem Allerwertesten. In der Schule erwarteten uns jede Woche Appelle und lange Reden. Ganz im Sinne der Nazi-Propaganda trichterte man uns die Ziele und Weltanschauungen des Nationalsozialismus ein. Wir jungen Leute kamen kaum mehr zum Nachdenken, wurden ständig gefordert bei Sportfesten, Schulungen, Wanderungen, Theatervorführungen, Geländeübungen, Kriegsspielen, Zeltlagern, Schießdiensten, Waffenkundevorführungen, Wehrsportübungen und Reichsberufswettkämpfen.

Waldbrand im Taxöldener Forst

In der Weihersiedlung, nahe der evangelischen Kirche, sollte die Aufstellung der Parteien, Vereine und Organisationen für den Festzug zum politischen Feiertag am 1. Mai 1935 erfolgen. Die Bevölkerung Bodenwöhrs war eingeladen, diesem Schauspiel beizuwohnen. Wir jungen Burschen und Mädchen waren aufgerufen, in Reihen der Hitlerjugend, des Bundes Deutscher Mädel oder anderer Gruppen mitzumarschieren. Voraus gingen die Trommler sowie die Querpfeifen- und Fanfarenspieler. Es wehten schon zahlreiche

Hakenkreuzfahnen im Wind. Während der Einteilung der Gruppen ertönten scharfe Kommandos.

Kurz bevor sich der Festzug in Bewegung setzte, heulten Sirenen auf. „Feia! Brenna dout's!“, schrien alle wild durcheinander. Kurz darauf kam auch schon die Durchsage, dass im Taxöldener Forst bei Altenschwand ein großer Waldbrand ausgebrochen sei. Über dem weitläufigen Forstgebiet konnten wir bereits dichte Rauchschwaden erkennen. Die erwachsenen Festzugteilnehmer bildeten rasch Einsatzgruppen und eilten in den Wald.

Wir Jugendlichen sausten mit Fahrrädern zum Brandherd. Dort trafen ständig neue Feuerwehren und Hilfskräfte ein, um die Feuerwalze zu stoppen. Wir schlugen mit Ästen auf die sich ausbreitenden Flammen und versuchten, sie zu ersticken. Unbändige Hitze und immer dichter werdender Rauch schlugen uns entgegen. Inzwischen waren auch Ärzte und Sanitätspersonal eingetroffen, um Brandverletzungen zu versorgen. Kaum war das Feuer in einem Waldstück eingedämmt, flackerte es an anderer Stelle wieder auf. Der trockene Boden bot den Flammen reichlich Nahrung.

In Windeseile breiteten sie sich aus. Hastig schlugen die Männer Brandschneisen. Schließlich konnte das Feuer dank einer beispiellosen Organisation und einer Masse an Helfern eingedämmt werden. Mein Bruder Franz und ich bekamen von Mutter einen gehörigen Rüffel, da wir kohlrabenschwarz zurückkehrten. Erst mal mussten wir uns von Kopf bis Fuß im Waschhaus säubern, erst dann durften wir in die Wohnung.

In Bruck war 1935/36 der Reichsarbeitsdienst 6/291 in einem großen Gebäude in der Nähe des Bahnhofes einquartiert. Die Reichsarbeitsdienstler wurden in den folgenden Wochen täglich zum Brandherd befohlen, um dort aufzuräumen. Jeden Morgen fuhren sie mit ihren Fahrrädern in

Der Reichsarbeitsdienst schaufelte Bewässerungsgräben und half bei den Aufräumarbeiten nach dem Waldbrand. Jeden Tag radelten die Männer zur Unglücksstelle.

Kolonnen von Bruck über Bodenwöhr zum Taxöldener Forst. Sie waren mit einem Drillich bekleidet, trugen Knobelbecher und hatten am Koppel je einen Brotbeutel mit einer Feldflasche hängen. Zweihundert Hektar Laub- und Nadelwald waren ein Opfer der Flammen geworden. Brandursache war Funkenflug, den eine Lokomotive verursacht hatte.

Noch Tage nach dem Brand fuhren wir nach Taxöldern und Altenschwand, um uns das ganze Ausmaß des Schadens anzusehen. Verbrannte Erde, verkohlte Baumstümpfe, schwarze Bäume, soweit das Auge reichte! Wir waren nicht die einzigen Neugierigen. Eine unübersehbare Menschenmenge hatte denselben Gedanken wie wir gehabt. Noch immer lag ein ungemein starker Brandgeruch in der Luft. Fast die gesamte Flora und Fauna in dem und um das wunderschöne Waldgebiet war zerstört. 1936/37 wurde jenes Areal wieder aufgeforstet und vorsorglich mit breiten Schneisen versehen.

In den großen Heustadeln Bodenwöhrs, im Schloßstadel und im Kellerhausstadel wurden die Pferde der Manövertruppen untergebracht.

Helle Aufregung im Schießl-Saal

Wir Jugendlichen begriffen nur langsam, was da auf uns zurollte. Fast jeden Tag prangten neue Plakate mit neuen Parolen an Häusern, Zäunen, Scheunen oder Bäumen. In unseren Wirtshäusern und Sälen fanden Kundgebungen und politische Ansprachen statt, bei denen es immer öfter zu heftigen Streitereien und Auseinandersetzungen kam. Wir Burschen spähten, neugierig wie wir waren, oft von einem Baum aus durch das große Saal-Fenster in die Gaststätte Schießl, wo eine riesige Hakenkreuzfahne hing. Männer saßen an Biertischen, ein Mann mit Hakenkreuzbinde stand am Rednerpult. Mit hochrotem Gesicht brüllte er seine Sätze heraus. Bisweilen spielten sich tumultartige Szenen ab, die an Raufereien grenzten.

Eines Abends saß ich wieder einmal mit meinem Freund, dem Weinfurtner-Schorsch, auf jenem Baum, der nahe am Saal-fenster stand, und beobachtete das Treiben im Saal. Das Bier floss in Strömen, und schon bald kam es zu einer stürmischen Auseinandersetzung, in deren Verlauf Stühle flogen. Ausgerechnet in diesem Moment kam der Schießl-Wirt mit seinem Jagdhund „Treff" aus der Wirtsstube. In Windeseile kletterten wir vom Baum und verschwanden in der Dunkelheit.

Als mich Mutter am nächsten Tag zum Konsum schickte, kam ich wieder am Gasthof Schießl vorbei. Der Stamm des Baumes, von dem aus wir die politischen Veranstaltungen in der Gastwirtschaft beobachtet hatten, war nun dick mit Wagenschmiere bestrichen. In jenen Jahren begann auch der Siegeszug der Volksempfänger. Die Schneider-Mare lud meinen Vater nun oft zum Radiohören ein. Ihre beiden Söhne, der Sepp und der Wilhelm („Helm"), waren begeisterte Bastler und hatten den Volksempfänger selbst zusammengebaut. Mein Bruder Franz und ich begleiteten Vater gern, denn in der Wohnung der Schneiders gab es ein Aquarium mit prächtigen, bunten Fischen, die uns faszinierten.

Zum Radiohören kamen auch die Nachbarn der Schneiders ins Kaltenbachhaus. Kaum war der Volksempfänger an, ertönte auch schon schmissige Marschmusik. Vor dem Radio kam es immer wieder zu hitzigen Diskussionen, welche Frau Schneider meist schlichtete, indem sie in die Runde rief: „Seid's wohl alle dorat, weilts goar so brüllt's!" Dann löste sich die Spannung, und der „Schiener" Haindl-Wast winkte uns Burschen zu sich: „Holt's ma drei Pfiff Bier vo da Gastwirtschaft Dannböck, Boum!", und der „Schmois" Fritz Wiendl ergänzte: „Und mia bringt's no Zigrettn mit. Dafia kröigt's a Büldl!" Die Schneider-Mare drückte uns stets noch ein Fünferl in die Hand und meinte lächelnd: „Und am Schluss göiht's no zum Kramalodn und kaft's eich a Kracherl."

Mein Vater und der Wiendl-Fritz stopften ihre „Pipp" mit Brinkmann-Krüllschnitt, während der Haindl seine alte Schnupftabak-Krugel aus der Tasche zog und lockte:

„Migt's aa an Schmei?" Und schon verschwand ein Häuflein der braunen Masse in seinen weiten Nasenlöchern.

Als Adolf Hitler im Volksempfänger wieder einmal zu einer Hasstirade ansetzte, stand der „Zerner" Hans Seebauer wütend auf und verabschiedete sich. Auch die anderen Gäste nahmen bald darauf ihre Hüte, bedankten sich bei der Mare für die Gastfreundschaft und marschierten heim. Auf dem Nachhauseweg erregte sich der „Schiener": „Host ghead, wos dea Depp vo Hitler dou as'm Radio brüllt hod? As nächste Mal mach i aus dem Holzkastn Kloaholz."

Kurz darauf lief uns der „Weberrout" Fritz Wiendl über den Weg. Wie immer regte er sich über Gott und die Welt auf. Dabei schimpfte er auch über seinen Buben: „I hob sei SA-Uniform mim Koppl und de Stiefln as'm Fensta in Brennnesseln einegwoafa." – „Dou host recht ghabt", pflichtete ihm Vater bei und ergänzte: „I glaab, desmal wird's no schlimma wöi zu unsra Zeit. Mia san mit Gsang und Hurra an d'Front zogn, und wöi samma hoamkumma? Trotzdem hamma no Glück ghabt. Andere Schulkamaradn san als Krüppln zruckkumma oder af de Schlachtfelda gfalln." Ich hätte Vater damals gerne widersprochen. Wenige Jahre später erfuhr ich selbst leidvoll, wie Recht er gehabt hatte.

Griff zu Stahlhelm und Gasmaske

1936 führte das Deutsche Reich die Wehrhoheit ein. Die ersten jungen Männer meldeten sich freiwillig zur Wehrmacht. Nicht wenige Eltern unterstützten diese Pläne. „Bewiab de als Soldat! Dou gröigst a guads Essn, konnst vül Spoat treibn, da Weasold is reichle, und d'groußе Welt lernst aa no dabei kenna", so war die landläufige Meinung. Und in der Familie war ein Esser weniger am Tisch.

Den Spaten wie einen Karabiner geschultert, in Drillich und Knobelbechern, so marschierten die Männer vom Arbeitsdienst, Abteilung 6/291, auf.

Inzwischen trafen die ersten Stellungsbefehle ein. Wer bei der Musterung als nicht tauglich eingestuft wurde, galt als Außenseiter. Bald bekamen die ersten Bodenwöhrer Soldaten Heimaturlaub, darunter mein Freund, der Wiendl-Sepp, der nicht nur mich in seiner neuen, blauen Luftwaffenuniform mit gelbem Kragenspiegel beeindruckte.

1938 erlebte Bodenwöhr das erste Manöver. Eine Einheit bespannter Artillerie bezog auf dem heutigen Kirchplatz Stellung. Dort schlugen die Soldaten auch ihr Quartier auf. Die Pferde brachten sie in den geräumigen Stadeln neben den Kaltenbach-Häusern und in den Heustadeln beim Kellerhaus unter. Für uns Jugendliche war das ein großes Erlebnis. Stundenlang verfolgten wir jede Aktion. Besonders die Geschütze faszinierten uns. Der „Verscherer"-Sepp und der „Kasper"-Toni suchten bald Kontakt zu den Soldaten. Sie durften prompt Stahlhelm und Gasmaske aufsetzen und bekamen sogar einen Schlag des frisch gekochten Eintopfes. Nach ein paar Tagen zog die Einheit wieder ab. Ein hoher

Offizier stand mit seinem tänzelnden Pferd auf dem ehemaligen Kellerhügel, dem jetzigen Anwesen von Max Dickert, und nahm mit einer Ehrenbezeugung den Abmarsch der Artillerie-Einheit ab.

Wenn die alten Männer des Dorfes auf einen Plausch zusammensaßen, wurde immer öfter über einen bevorstehenden Krieg gesprochen. Der Bruder meines Vaters, der „Stöckl" Josef Ellert, der „Wieg" Ludwig Wittmann und der Hautmann-Hansi hatten schon den Ersten Weltkrieg mitgemacht und diskutierten lebhaft und lautstark miteinander. Wenn Mutter dazukam, schimpfte sie meist: „Wenn's niad staad sad's, werds alle abgholt, und kumma dad's nimma!"

Beim Hüttenwerk befand sich ein geräumiger, unterirdischer Keller, in dem ein Jahrhundert zuvor die Bodenwöhrer Brauerei Jacob noch ihr Bier gelagert hatte. Die 1793/94 unter dem damaligen Kellerhaus angelegte Röhre wurde zum Luftschutzkeller umfunktioniert. 1934/35 wurde dieser Keller mit Stromaggregaten und Lüftungsschächten versehen. Von 1935 an fanden dort regelmäßig Übungen statt, um das Verhalten der Hüttenwerk-Arbeiter bei feindlichen Fliegerangriffen zu trainieren. In Abständen wurde unter schrillem Sirenengeheul das zügige Aufsuchen des Schutzraumes geübt. Jeder Hüttenwerk-Arbeiter war während des Krieges verpflichtet, diesen Keller bei Fliegeralarm aufzusuchen. 1973/74 wurde der Keller abgerissen, aufgefüllt und als Bauplatz verkauft.

1940 mussten die Ordensschwestern sogar aus dem Kinderheim ausziehen unter dem Vorwand, es müssten Evakuierte darin untergebracht werden. In Wirklichkeit wurde das Gebäude als Hitlerjugend-Heim und Geschäftsstelle des Bundes Deutscher Mädel gebraucht. Die Zeit ihrer Ausquartierung verbrachten die Schwestern in Kaltenbrunn im Haus von Andreas Obermeier. Erst am 1. Oktober 1945 durften sie wieder in ihr angestammtes Heim zurückkehren.

Meine Kameraden und ich wurden mit achtzehn Jahren in das NSKK, das Nationalsozialistische Kraftfahrer-Korps, gelockt, wo wir fast umsonst unseren Motorrad-Führerschein machen konnten. Seinen Sitz hatte es im technischen Forstamt Bodenwöhr. Im Schießl-Saal, wo ein gläserner Motor ausgestellt war, bereiteten wir uns auf den Führerschein der Klasse 4 vor. Mit Beiwagenmaschinen der Marke Zündapp fuhren wir zum Scharfschießen in den Taxöldener Forst, wo sich eine Schießanlage befand. Herr Brunnmüller, der Leiter des technischen Forstamtes Maschinenbetrieb, schulte uns. Er nahm nach zweiwöchiger Schulung auch die Prüfung ab. Wer sie bestand, erhielt nach Zahlung von 2,50 Reichsmark den begehrten „Lappen". Im Grunde schuf man damit die Grundlage für unseren späteren mobilen Einsatz bei der Wehrmacht.

Propaganda und politische Erziehung waren an der Tagesordnung. Immer wieder organisierte man Sportfeste für die Jugend. Oben auf dem Sportplatz, wo sich der neue Friedhof befindet, wehte weithin sichtbar eine Hakenkreuzfahne. Dort fanden unter organisierter Anleitung auch Turnübungen statt.

1939 wurde mein Jahrgang zur Musterung aufgerufen. Zusammen mit einigen Bodenwöhrer Mädchen schmückten wir einen Pferdewagen mit Birkenbäumchen und Girlanden. Am nächsten Tag wurden schon um 4 Uhr früh die Pferde eingespannt, und wir jungen Burschen zogen auf

Militärischer Drill erwartete die jungen Männer bei der Musterung beim Frankenbräu in Neunburg vorm Wald.

Junge Arbeitslose meldeten sich oft freiwillig zum Reichsarbeitsdienst. Auch in Bruck war eine Abteilung stationiert.

unserem Festwagen singend und lachend nach Neunburg vorm Wald zur Musterung. Der „Landsturm" aus Bruck begleitete unseren Gesang mit der Quetschn. Dabei herrschte striktes Alkoholverbot. Die Musterung sollte im Neunburger Gasthaus Frankenbräu stattfinden, wo 1910 schon mein Vater gemustert worden war.

Kaum waren wir am Ziel vom Wagen gesprungen, wurden wir in militärischem Ton auch schon zur Pflicht gerufen. Kurze Zeit später begann eine penible Untersuchung von Kopf bis Fuß. Wir glaubten, abgebrühte Burschen zu sein, doch die Musterung machte uns schnell klar, was uns als Soldaten erwartete. Am späten Nachmittag spannten wir die Pferde wieder ein, und es ging mit Musik, Gesang und reichlich Bier nach Bodenwöhr zurück. Bei Erzhäuser trafen wir auf lachende und feixende Mädchen, die auf dem Weg zur Feldarbeit waren. Wir hielten unser Gespann an und fragten, ob wir sie ein Stück mitnehmen dürften. Der Schießl-Fritz und ich zogen sie auf unseren Wagen, wo wir zusammen fröhliche Lieder sangen. Als uns die Mädchen wieder verließen, winkten wir ihnen noch lange nach.

In Bodenwöhr ging die Musterungsfeier im Gasthof Schießl anschließend munter weiter. Manch einer schaute zu tief ins

Glas und schlief ein oder schwankte betrunken nach Hause. Einige Kameraden mussten, da sie kaum mehr stehen, geschweige denn gehen konnten, von ihren Angehörigen abgeholt werden. In den folgenden Tagen und Wochen warteten wir alle gespannt auf unsere Einberufung und die Stellungsbefehle.

Ich erhielt meinen Befehl am 15. Oktober 1940. Vom Bodenwöhrer Bahnhof aus brachte mich der Zug über Passau nach Wegscheid in die Nähe von Linz. Von dort aus ging es weiter mit der Straßenbahn zu meiner Einheit, der Flakabteilung 38 ...

Einmarsch der Amerikaner

Wie mir meine Eltern in Briefen mitteilten, die mich in russischer Gefangenschaft erreichten, griffen kurz vor Kriegsende feindliche Flugzeuge Bodenwöhr an und warfen über dem Schloßberg zwei Bomben ab, die allerdings keinen größeren Schaden anrichteten. Noch heute sieht man die Bombentrichter, wenngleich von der Natur inzwischen sorgsam bedeckt. Vorsichtshalber hatten sich manche Bodenwöhrer kleine Bunker oder Erdlöcher zum Schutz vor feindlichen Fliegerangriffen angelegt; andere wiederum waren mit Koffern in die nahen Wälder geflüchtet.

Am 23. April 1945, vierzehn Tage vor Beendigung der offiziellen Kampfhandlungen, marschierten amerikanische Truppen unter Führung von General Patton von nordwestlicher Richtung kommend, mit Sherman-Panzern an der Spitze, kampflos in Bodenwöhr ein. Rund zwei Drittel des gesamten Wohnraumes wurden den Bewohnern für Quartierzwecke vorübergehend entzogen, wodurch diese Bodenwöhrer gezwungen waren, bei Bekannten und Verwandten Unterschlupf zu suchen. Mitunter lebten in dieser Zeit dreißig bis vierzig Personen auf engstem Raum zusammen.

Der Betrieb des Hüttenwerkes wurde auf Befehl der amerikanischen Militärregierung mit dem Einmarsch der alliierten Truppen vollkommen stillgelegt, da es von 1939 bis 1945 Kriegsmunition hergestellt und Zwangsarbeiter beschäftigt hatte. Die Besetzung des Werkes ging ohne wesentliche Beschädigung der Anlagen über die Bühne. Vom 11. Juni bis 21. Juni 1945 durfte die Gießerei in beschränktem Umfang ihren Betrieb wieder aufnehmen. Am 23. August 1945 erhielt das Hüttenwerk endgültig die Erlaubnis zur Wiederaufnahme des Betriebes. Das Hüttenwerk erzeugte von da an vor allem Badewannen, Spülbecken, Kessel, Öfen und Kleinherde für kriegszerstörte deutsche Wohnungen.

Als die amerikanischen Soldaten am 23. April 1945, ohne auf Widerstand zu treffen, Bodenwöhr besetzten, wurden auch die Bewohner unseres Hauses „Alter Neubau Nr. 18" vorübergehend vertrieben. Das Quartier nahmen die Sieger für sich in Anspruch. Meine Eltern mussten mit den Kindern in den Schloßstadel umziehen. Später bauten die Besitzer des Kolonialwarengeschäftes Kraus an dieser Stelle ein Wohnhaus, unmittelbar neben dem Gebäude, in das später die Sparkasse einzog.

Einen Tag nach dem unfreiwilligen Umzug kam Frau Moser zu meinen Eltern und bot ihnen in ihrer Hammerhaus-Wohnung eine vorläufige Bleibe an. Sie hatte selbst nicht viel Wohnraum zur Verfügung, wollte aber das Wenige teilen. Barmherzig meinte sie: „Hauptsach, a Doch habt's iwan Kopf und a woame Stubn!" Da die Nächte noch ziemlich kalt waren, fürchtete Mutter, dass sich ihr Enkelkind Elfriede eine Lungenentzündung holen könnte im nasskalten Stadel. Deshalb nahmen meine Eltern das Angebot dankbar an.

Um warme Kleidung und Decken zu holen, machte sich Vater auf den Weg zu unserer besetzten Wohnung, wo er sogleich in die Mündung einer entsicherten Waffe blickte.

Im Ehebett lag ein amerikanischer Soldat in voller Uniform, die Maschinenpistole im Anschlag. Als er erkannte, dass von meinem Vater keine Gefahr ausging, ließ er ihn wärmende Decken und Kleidung mitnehmen. Unsere Kommunionkerzen waren in kleine Stücke zerschnitten und angezündet, denn elektrischen Strom gab es keinen. Im Keller hatten die amerikanischen Soldaten Eier gefunden, die mein Vater kurz zuvor auf dem Schwarzmarkt gekauft hatte. Außerdem entdeckten sie vierzehn Gläser mit eingeweckten Heidelbeeren. Wohl aus Enttäuschung darüber, dass sich in den Gläsern kein Alkohol befand, schütteten sie den Inhalt über die Betten. Aus der Metzgerei Eduard Dannböck holten sich die Soldaten geräuchertes Fleisch, das aber offenbar nicht so recht nach ihrem Geschmack war, denn es landete im Abfall.

Nach drei Wochen Besatzung verließen die Soldaten den Ort wieder. Als meine Eltern in unsere Wohnung zurückkehrten, glichen die Zimmer einem Schlachtfeld. Die fremden Soldaten hatten zudem alles mitgehen lassen, was ihnen wertvoll erschien. Doch Vater und der Hoffmann-Wastl, unser Nachbar, hatten einige Stücke durch einen Trick gerettet. Die beiden Männer hatten vorausgesehen, dass der Krieg für Deutschland böse enden und Plünderungen zur Folge haben würde. Deshalb hatten sie vor dem Einmarsch der Amerikaner zwei Starenkästen von den Bäumen geholt und vorgetäuscht, sie auszubessern. In Wirklichkeit hatten sie ihre Wertsachen, die sie zuvor in Ölpapier gewickelt hatten, dort hineingelegt. Darunter waren auch Vaters Jubiläumsuhr sowie etliche Silbertaler und verschiedene Andenken. Der Wastl deponierte im Nistkasten zudem eine Pistole, Kaliber 8, die er beim Volkssturm getragen hatte. Als sich das tägliche Leben in Bodenwöhr normalisierte, holten der Wastl und mein Vater die Nistkästen wieder von den Bäumen und brachten die Wertsachen ins Haus. Nur die Pistole entsorgte der Wastl schleunigst im Hammersee ...

Für mich (rechts) war es ein besonderer Segen Gottes, dass ich trotz der Kriegswirren mit allen Geschwistern 1958 das 40-jährige Ehejubiläum meiner Eltern Maria und Georg feiern konnte. Hinten, von links meine Geschwister Franz, Babette, Josefine und Maria.

Das Ende des Hüttenwerks

Ich selbst kehrte 1947 nach Bodenwöhr zurück. Fünf Jahre hatte ich als Soldat in Frankreich und Russland verbracht, zwei davon in russischer Gefangenschaft. 1948 fing ich wieder als Schlosser im Hüttenwerk an. Durch die Begradigung des Sulzbaches und die Verlegung der Sandfeldstraße konnte das Unternehmen erweitern und Anfang der 50er Jahre neue Werkstätten und Lagerhallen angliedern. 1954 folgte der Bau einer neuen Gießerei. Stolz feierte die Belegschaft 1964 das fünfhundertjährige Bestehen des Betriebs. Doch nur sieben Jahre später, im Jahre 1971, folgte aufgrund der immer stärker werdenden internationalen Konkurrenz das Aus! Das Hüttenwerk Bodenwöhr, in dem zuletzt noch sechshundertfünfzig bis sechshundertachtzig Leute gearbeitet hatten, wurde stillgelegt.

Ich selbst hatte bis zur Schließung die Leitung des Materiallagers inne. Die Direktion erteilte die Anweisung, alles Material von den Dachböden sowie aus den Speichern und den Kellerräumen der Amtsgebäude herauszuschaffen und es im Werkshof bei offenem Feuer zu verbrennen: Akten und Dokumente, Fotos und Zeichnungen, Pläne und Kataloge, Rechnungen und Urkunden. Alles ging unwiederbringlich verloren. Auch die Modellkammer des Bodenwöhrer Hüttenwerkes fiel dieser Zerstörungswut zum Opfer. Viele Ausstellungsmodelle wurden einfach zertrümmert. Andere – auch Grabkreuze – wurden noch schnell verscherbelt. Obwohl es streng verboten war, rettete ich als Lagerverwalter noch so manches wertvolle historische Gut und stellte es Museen zur Verfügung. Tag und Nacht brannten die Feuer, dann war eine jahrhundertelange Geschichte nur mehr Rauch und Asche.

Wenn ich heute auf dem fünfeinhalb Kilometer langen Kunstweg am Hammersee entlangwandere, kommen mir allerlei Erinnerungen. Daran, dass der See, der heute der Gemeinde gehört, früher im Besitz des Hüttenwerks war. Daran, dass 1948 das Wasser wegen einer Sanierung abgelassen und das Weiherbett tiefergelegt wurden. Daran, dass Petrijünger aus Straubing beim großen Abfischen dreißig Zentner Fische aus dem zweihundert Tagwerk großen und acht Kilometer langen See an Land zogen. Daran, dass gleichzeitig eine Menge Munition und Kriegsmaterial aus dem Zweiten Weltkrieg geborgen worden waren, die von den Lkw der Amerikaner nach deren Durchmarsch bei der

Weichselbrunner Brücke in den Hammersee gekippt worden waren.

Über genau jene Brücke führt mich mein Weg zur „Studenteninsel“, wo mich seit jeher die vielfältige Flora und Fauna fasziniert. Bunte Libellen schwirren scheinbar schwerelos über Wasserpflanzen; kleine Schilfrohrsänger versuchen, mit ihrem Gesang Weibchen anzulocken. Mittendrin ertönt der schrille Pfiff eines Eisvogels, der auf der Suche nach Beute über der Wasseroberfläche dahingleitet. Gelbe und schneeweiße Seerosen spiegeln sich im See. Ab und zu kreuzt auch ein rotes Eichhörnchen meinen Weg.

Meine Schritte führen mich weiter zu einem Gedenkstein, der im Jahre 1843 zum Andenken an die Gründung des Königreiches Bayern gesetzt worden ist. An diesem Platz feierten die Bodenwöhrer einst am liebsten ihre Feste. Hier stand auch das Schloss, an dessen Existenz heute nur mehr der Name Schloßberg erinnert. Bei der Schutzhütte, dem heutigen Pavillon, lasse ich mich nieder. Lachmöwen gleiten mit eleganten Flügelschlägen über das flache Wasser. In Ufernähe schwimmen Stockenten schnatternd an mir vorbei. Mein Blick schweift über den Hammersee und verweilt dann etwas in der Mitte des Gewässers, dort, wo wir vor Jahrzehnten in Booten gefeiert hatten. Es macht mich glücklich, hier auf der Bank im Schatten knorriger Bäume zu sitzen und an damals zu denken, als Hüttenwerk und Hammersee den Tagesablauf bestimmten und jedes Kind noch Stieglitze, Dompfaffen und Erlenzeisige kannte.

Bildnachweis:

Fotolia: S. 3
Archiv Georg Ellert: S. 7, 10, 16, 19, 32, 54, 58, 103, 116, 122, 139
Bilderchronik von Bodenwöhr, Hrsg. Fritz Fischer: S. 46, 70, 94, 100, 125, 134
Maria Hilmer: S. 13, 42, 60, 63
Heinz Wittmann: S. 9, 29, 37
Michael Meier: S. 38, 39
Gottfried Turnwald: S. 49
Elisabeth Wiendl: S. 40,
Heinrich Schmidbauer: S. 50
Hans Jacob: S. 45
Günter Wallner: S. 55, 64, 73, 86, 89
Josef Fischer: S. 78
Barbara Waclawek: S. 26, 81
Archiv Brauerei Jacob: S. 104
Wilhelm Wiendl: S. 120
Erna Threiß: S. 124
Resi Fröhlich: S. 128, 132, 135
Hans Hautmann: S. 129
Günter Moser: S. 142

Coverbilder: Archiv Günter Wallner (Postkartenmotiv), Fotostudio Erich Schwarz, Taxöldern

Kartengrundlage: Ortsblatt/Uraufnahme,

Die gusseisernen Öfen mit kunstvoll gestalteten Reliefplatten waren Qualitätsprodukte „Made in Bodenwöhr". Heute stehen sie in Museen wie hier im Schwarzachtalmuseum in Neunburg vorm Wald.

Hart waren die Schulbänke, hart die Zeiten, damals in den Dreißigerjahren des vergangenen Jahrhunderts. Bei vielen Familien schaute die nackte Not zum Fenster herein. In dieser Zeit spielen die lustigen Schülergeschichten, die Oskar Duschinger nach den Erzählungen von Gewährsleuten aufgeschrieben hat.

Da sind zum Beispiel die Witwe Bärbeiß mit ihrem Ganser Helmut, der zu Zornesausbrüchen neigende Kooperator Engelmann und die Krabbelläuse im Bett der Tante Nandl: eine Sammlung von fünfzig köstlich zu lesenden Anekdoten aus der Zeit, als der Tatzenstock zum Handwerkszeug eines jeden Lehrers gehörte und die Kinder noch Streiche ausheckten und Ziegen hüteten, statt vor dem Fernseher, dem Computer oder dem Gameboy zu sitzen. Ein Oberpfälzer Pendant zu Ludwig Thomas Lausbubengeschichten. Illustriert von Siegfried Schöberl.

Format 13 x 20,5 cm,
200 Seiten,
Hardcover mit
Schutzumschlag,
ISBN 978-3-935719-43-8,
18,90 €

BUCH & KUNSTVERLAG
OBERPFALZ

In jeder Buchhandlung,
den Geschäftsstellen unserer Zeitung und im
Internetshop: www.buch-und-kunstverlag.de

alt!
nach Taxöldern
Klausenberg
Kirche
Gartenstraße
Gasthof
Schießl
Hammerhaus
Neubau Nr. 18
Kaltenbach
Kaltenbachtal
nach Mögendorf